T0198631

essentials

essentials liefern aktuelles Wissen in konzentrierter Form. Die Essenz dessen, worauf es als „State-of-the-Art" in der gegenwärtigen Fachdiskussion oder in der Praxis ankommt. *essentials* informieren schnell, unkompliziert und verständlich

- als Einführung in ein aktuelles Thema aus Ihrem Fachgebiet
- als Einstieg in ein für Sie noch unbekanntes Themenfeld
- als Einblick, um zum Thema mitreden zu können

Die Bücher in elektronischer und gedruckter Form bringen das Fachwissen von Springerautor*innen kompakt zur Darstellung. Sie sind besonders für die Nutzung als eBook auf Tablet-PCs, eBook-Readern und Smartphones geeignet. *essentials* sind Wissensbausteine aus den Wirtschafts-, Sozial- und Geisteswissenschaften, aus Technik und Naturwissenschaften sowie aus Medizin, Psychologie und Gesundheitsberufen. Von renommierten Autor*innen aller Springer-Verlagsmarken.

Peter Kinne

Diversity 4.0

Zukunftsfähig durch intelligent genutzte Vielfalt

2. Auflage

Springer Gabler

Peter Kinne
Meerbusch, Deutschland

ISSN 2197-6708   ISSN 2197-6716 (electronic)
essentials
ISBN 978-3-662-65402-6   ISBN 978-3-662-65403-3 (eBook)
https://doi.org/10.1007/978-3-662-65403-3

Die Deutsche Nationalbibliothek verzeichnet diese Publikation in der Deutschen Nationalbibliografie; detaillierte bibliografische Daten sind im Internet über http://dnb.d-nb.de abrufbar.

Planung/Lektorat: Christine Sheppard
Springer Gabler ist ein Imprint der eingetragenen Gesellschaft Springer-Verlag GmbH, DE und ist ein Teil von Springer Nature.
Die Anschrift der Gesellschaft ist: Heidelberger Platz 3, 14197 Berlin, Germany

Was Sie in diesem *essential* finden können

- Berichte aus der Diversity-Praxis prominenter Organisationen
- Umfassende Sicht auf Diversity als Erfolgshebel
- Ausführliche Bezüge zu Komplexität und Produktivität
- Vier-Domänen-Konzept zur ertragswirksamen Nutzung von Diversity
- Neues Modell für nachhaltiges Leadership

Vorwort zur zweiten Auflage

Seit Erscheinen der ersten Auflage hat das Thema Diversity nicht an Brisanz verloren. Neuere Entwicklungen sind für die Öffnung dafür nicht gerade förderlich: In den USA, lange Zeit das Symbol schlechthin für Freiheit und Toleranz, konnte ein Präsident regieren, dessen Nationalismus, Rassismus und Chauvinismus ihm zum Amt verholfen hatte und der die Spaltung der amerikanischen Gesellschaft vorantrieb. „Postfaktische Argumente" wurden salonfähig. Dieser „Kulturschock" war Ausdruck nationalistisch-populistischer Bewegungen, die sich längst auch in Europa abzeichneten und zum Austritt Großbritanniens aus der Europäischen Union führten. Parallel dazu entstanden, unterstützt durch die Konnektivität sozialer Medien, staatsübergreifende Interessensgemeinschaften, für die Ausgrenzung und Fremdenfeindlichkeit prägende Merkmale sind.[1]

Nationalismus erstarkt in Zeiten, in denen man ihn politisch instrumentalisieren kann. Die passende Gelegenheit bot die „Flüchtlingskrise" in 2015. Bis Ende November wurden in Deutschland rund 965.000 Asylsuchende registriert.[2] Die Begeisterung für die interkulturelle Offenheit der moralisch belasteten Deutschen schlug später in Skepsis oder gar Furcht vor „zuviel Fremdheit" um. Mahnten nicht Übergriffe überwiegend nordafrikanischer junger Männer auf Frauen in der Silvesternacht 2015 am Kölner Dom zur Vorsicht?[3] 2020 gab es in der Europäischen Union 14 terroristische Angriffe aus religiösen Motiven, acht davon in

---

[1] Geulen, C. Nationalismus? Eine Einführung, Vortrag auf der Fachtagung der Bundeszentrale für politische Bildung am 05.09.2018.

[2] https://www.bpb.de/gesellschaft/migration/kurzdossiers/217369/fluchtmigration-hintergru ende, Zugriff: 09.10. 2021.

[3] https://www.dw.com/de/f%C3%BCnf-jahre-danach-lehren-aus-der-k%C3%B6lner-silves ternacht/a-55980209. Zugriff: 09.10.2021.

Frankreich, vier in Deutschland.[4] Menschen wie der CDU-Politiker Walter Lübke bezahlten ihre liberale Haltung mit dem Leben.

Steigende Skepsis gegenüber soziokultureller Vielfalt zwingt dazu, sie intelligent zu nutzen. Das gilt umso mehr mit Hinblick auf die anderen Herausforderungen unserer Zeit. Klimawandel, Verlust von Biodiversität, Pandemien, Hunger und Bildungsnotstand in großen in Teilen der Welt, und neuerdings auch wieder Krieg in Europa sind nicht in nationaler Isolation, schon gar nicht in „Fachsilos" zu bewältigen. Die Lösung solcher Probleme erfordert eine aufgeklärte gesellschaftliche Legitimation, entschlossenes Handeln, aber auch perspektivische Vielfalt in unterschiedlichen Phasen des Lösungsprozesses.

Diversity wird als Lösungsstrategie nicht immer gut begründet; zuweilen verkauft man sie als Garant besserer Lösungen. Das ist sie nicht, weil heterogene Gruppen nicht bedingungslos produktiv sind. Das überzeugendste Argument pro Diversity kommt in meinen Augen aus einem Fach, das bei uns nahezu unbekannt ist: der sozial-ökologischen Resilienzforschung. Ein internationales, interdisziplinäres Forscherteam hat in mehrjährigen Iterationsschleifen Resilienz-Prinzipien sozial-ökologischer Systeme formuliert. Das erste lautet „Maintain diversity and redundancy" und wird von den AutorInnen folgendermaßen begründet: „The greater the diversity of knowledge and experiences present, the greater the range of possible responses, and the greater the chance of finding creative solutions to changes or disturbances that threaten ecosystem services." (Biggs et al., 2015, S. 58).

Auch Organisationen sind sozial-ökologische Systeme. Ihre „Services" bestehen aus Gütern wie Gesundheit, Arbeit, Bildung, Sicherheit, Mobilität etc. Ihre Leitenden täten gut daran, sich an systemischen Resilienz-Prinzipien zu orientieren. Die Gründe dafür werden an anderer Stelle ausführlich dargelegt (Kinne et al., 2022).

Die zweite Auflage enthält neue Daten und Praxisberichte. Einige Kapitel sind neu strukturiert, Abbildungen überarbeitet, Inhalte teilweise runderneuert. Kapitel eins und drei bis sieben enden jetzt mit einem Fazit. In Kapitel sieben sind Resilienz-Prinzipien Bestandteil nachhaltiger Führung. Die Modelle in diesem *essential* veranschaulichen unterschiedliche Aspekte dieser komplexen Materie. Sie sind für EntscheiderInnen gedacht, die mit Diversity Nachhaltigkeitsziele verfolgen.

---

[4] https://de.statista.com/statistik/daten/studie/494710/umfrage/religioese-terrorangriffe-in-den-eu-staaten/. Zugriff: 09.10.2021.

Für wertvolle Beiträge zur zweiten Auflage danke ich Christine Epler, Nina Straßner, Ulla Weber, Frauke Logermann und Aletta Gräfin von Hardenberg.

Peter Kinne

Vorwort zur ersten Auflage

Das Thema Vielfalt im Kompaktformat zu erörtern, ist eine Herausforderung an sich. Die Brisanz des Themas ist nicht mehr nur demografiebedingt und Folge der soziokulturellen Durchmischung einer globalisierten Wirtschaft. Ungleiche Lebensverhältnisse in den Regionen unserer Welt veranlassen immer mehr Menschen zur Flucht aus ihrer Heimat, um sich in Europa, und besonders gerne in Deutschland, eine neue Zukunft aufzubauen. Der damit verbundene Integrationsbedarf betrifft Gesellschaft und Organisationen in gleicher Weise.

Im eng gesetzten Rahmen dieser Arbeit gehe ich weder auf historische Entwicklungen im Diversity Management, noch auf demografische Details, noch auf einzelne Vielfalts-Dimensionen näher ein, zumal das an anderer Stelle ausführlich geschehen ist. Vielmehr soll die Relevanz dieses als „weich" etikettierten Themas für die „harten" Disziplinen Betriebswirtschaft, Systemlehre und strategisches Management herausgestellt werden. Das strategische Management dient der Lenkung komplexer soziotechnischer Systeme, deren Zukunftsfähigkeit zunehmend von der intelligenten Nutzung von Vielfalt abhängt. Diversity 4.0 soll dazu beitragen.

Ich danke meinen GesprächspartnerInnen in dieser Arbeit für aufschlussreiche Impulse: Nancy Boy-Seifert, Aletta Gräfin von Hardenberg, Alexandra Mies, Manfred Ohl, Gari Pavkovic und Andrea Schmitz.

Peter Kinne

Inhaltsverzeichnis

Vom Zustand zum Ertragshebel

Wenn Menschen in Arbeit vielfältiger werden, wächst der Bedarf, diese Vielfalt zu „managen". Diversity Management (DM) zielt darauf ab, aus einem (unabwendbaren) Zustand Nutzen zu ziehen. Dieser Zustand hat unterschiedliche Ursachen. Rechtliche Vorgaben wie das Gesetz zur Durchsetzung der Gleichstellung von Frauen und Männern (2001), das Schwerbehindertengesetz (2001) und das allgemeine Gleichbehandlungsgesetz (2006) führten zu einer stärkeren Beteiligung bislang benachteiligter Gruppen am Erwerbsprozess.[1] Seit den 1980er Jahren haben Globalisierungseffekte in Wirtschaft und Gesellschaft dafür gesorgt, dass sowohl (potenzielle) Kunden als auch (potenzielle) Beschäftigte von Unternehmen vielfältiger wurden. Die besten verfügbaren Talente kommen heute aus unterschiedlichsten Herkunftsländern. Und nicht zuletzt sind Länder wie Deutschland, wo die Zahl einheimischer Erwerbstätiger wegen Überalterung ständig sinkt, auf zugewanderte Fachkräfte angewiesen. Nach einer Studie des Deutschen Industrie- und Handelskammertages (DIHK) von 2021 mit 23.000 Unternehmen kann mehr als jedes zweite Unternehmen offene Stellen zumindest teilweise nicht besetzen.[2] Nach Verblassen des „Corona-Effektes" gilt Fachkräftemangel wieder als größtes Geschäftsrisiko. All das führt dazu, dass Menschen im Arbeitsprozess immer „diverser" werden.

Ob man den Nutzen von Diversity ökonomisch oder sozial begründet -DM ist so aussichtsreich wie anspruchsvoll. Vorurteilsfreie Orientierung an Leistung kann helfen, doch so einfach ist die Sache nicht. Botschaften wie „Diversity ist klasse und macht Spaß!" sind sympathische Ermunterer, blenden aber die

---

[1] Kinne, P. (2014, S. 5).

[2] https://www.dihk.de/resource/blob/61638/9bde58258a88d4fce8cda7e2ef300b9c/dihk-report-fachkraeftesicherung-2021-data.pdf. Zugriff: 05.02.2022.

© Der/die Autor(en), exklusiv lizenziert an Springer-Verlag GmbH, DE, ein Teil von Springer Nature 2022
P. Kinne, *Diversity 4.0*, essentials, https://doi.org/10.1007/978-3-662-65403-3_1

Herausforderungen aus. Andersartigkeit löst Assoziationen aus, die auf *Kategorisierung* beruhen. Diese evolutionäre Errungenschaft dient der Orientierung (Allport, 1954) und macht eine Welt erträglicher, deren Komplexität uns alle längst überfordert. Soziale Kategorisierung belastet jedoch die Zusammenarbeit, wenn sie mit Unsicherheit, Ängsten und Abgrenzung einhergeht (Tajfel & Turner, 1979). Das führt zur Abwertung „Andersartiger".

Wer DM in Organisationen verantwortet, wird mit Fragen wie diesen konfrontiert:

- Wie viel Diversität wollen wir, brauchen wir, halten wir aus?
- Wollen wir wirklich eine robuste Kultur der Vielfalt etablieren?
- Was können/wollen wir dafür investieren?
- Investieren wir richtig, und wie finden wir das heraus?
- Ist Diversity für uns Ausdruck einer Haltung, Mittel zur Kosten-Nutzenoptimierung, Potenzialentwicklung, Markterweiterung, Verbesserung der Lösungskompetenz, oder ein Mix draus?
- Welche Motive sind bei uns handlungsleitend?

Antworten auf diese Fragen bestimmen die organisationale Einbettung und Ausstattung, den Zeitbedarf und die Erfolgsaussichten von DM. Die Erfüllung von Frauenquoten in oberen Führungspositionen ist kein ökonomischer Erfolgsgarant, symbolisiert aber Chancengleichheit zwischen Frauen und Männern. Der „Ertragswert" von DM ist abhängig vom Stellenwert des Themas, von der Kreativität und Erfahrung, dem Engagement und Einfluss der Verantwortlichen, von Synergien mit anderen Querschnittsthemen und der Eignung der Methoden. Ausgesprochen hilfreich ist aktives Kümmern der Geschäftsleitung kraft eigener Überzeugung, zumal dann, wenn Leitung und Inhaberschaft zusammenfallen. GeschäftsführerInnen sind mitunter GründerInnen und damit kulturprägend. Mit Rückenwind durch die Leitung wird Diversity konsequenter gelebt, und wirkt auch stärker nach außen.

Wertschätzung von Vielfalt wird glaubwürdiger, wenn man sie strukturell verankert. Je nach Ressourcen bieten Organisationen Sprachkurse, talentorientierte Bewerberauswahl, Förderung benachteiligter Jugendlicher, Work-Life-Flexibilisierung, KITAs, Verbreitung von „Best Practises" über Netzwerke etc. Der Versuch, DM im „Nice-to-have-Modus" einfach mitlaufen zu lassen, kann zur quälenden Ausdehnung ineffektiver Change-Projekte führen. Das kann sich heute keine Organisationen mehr leisten.

Rosabeth Kanter blickt auf über 350 Gespräche mit Top-EntscheiderInnen in 20 Ländern zurück, wenn sie schreibt: „The volatility, complexity, diversity, and transparency associated with technological and geopolitical change call for a new approach to doing business, one that can open opportunities to ride the waves rather than be swept under them." (Kanter, 2009, S. 30).

DM ist ein solcher *approach to doing business.* Wer sich davon einen Mehrertrag erhofft, muss sein Diversity-Verständnis erweitern. Selbst soziokulturell homogene Belegschaften verfügen in Teams, ja sogar in einzelnen Köpfen meist über beachtliches Vielfalts-Potenzial. Aber nicht nur Belegschaften, sondern auch Zielgruppen werden heterogener, bei multinationalen Unternehmen sind sie es ohnehin. Schon wegen der Verständigungsmöglichkeiten sollte man die Vielfalt von KundInnen, PatientInnen, SchülerInnen, Studierenden, BürgerInnen etc. zumindest halbwegs in der eigenen Belegschaft abbilden. Das *Erzeugen* von Diversity ist heute keine große Sache mehr, sofern man als Arbeitgeber nicht völlig unattraktiv ist. Anders verhält es sich beim Umgang damit. Das zeigen auch Eindrücke aus prominenten Organisationen in Kapitel zwei: Deutschen Bahn, SAP, Mack Planck Gesellschaft, Charta der Vielfalt e. V.

In Kapitel drei wird Diversity als Erfolgshebel beschrieben. Es ist immaterielles Vermögen, das sich einer monetären Bewertung entzieht. Man kann den Umgang damit unterschiedlichen Phasen der organisationalen Wertschöpfung zuordnen, die mit Eigenschaften der Beschäftigten beginnt und beim Finanz- bzw. Sozialertrag endet. In Kapitel vier geht es um Komplexität, Hauptgrund für das Scheitern von Strategien (Hinterhuber, 2015). Diversität und Komplexität sind zwei Seiten einer Medaille, weil Diversität *Ausdruck* von Komplexität ist. Gleichzeitig ist sie ein Mittel zu ihrer Bewältigung.

Organisationen können die Komplexität ihrer Umwelt nicht abschaffen. Sie können aber ihre eigene Komplexität reduzieren, und zwar jenen Teil, der auf Orientierungslücken, Interaktions-Barrieren und organisationalem Ballast beruht. Dieser Teil lähmt den Fortschritt und ist deshalb dysfunktional. Horizonte und Handlungsspielräume sollten sie dagegen *erweitern,* um komplexe Aufgaben lösen zu können. Es gehört zu den Kernbotschaften dieses essentials, dass man Übung im Umgang mit Komplexität braucht, um Diversity-Potenziale voll nutzen zu können. Dabei helfen Systemdenken, Beidhändigkeit, gut koordiniertes Lernen, Führen, Lenken und Kooperieren sowie produktive Teamarbeit. In Kapitel fünf wird erklärt, warum auch Synergien zwischen DM und anderen Querschnitts-Disziplinen ein Erfolgsfaktor sind.

Das „Vier-Domänen-Konzept" in Kapitel sechs enthält sowohl Ziele als auch „Befähiger". Organisationen benötigen Wissen (Knowledge) und Haltungen (Mindset), wenn sie mit Diversity Offenheit und Chancengleichheit realisieren und/oder Mehrertrag erzielen wollen. Diese Ziele sind prinzipiell gleichrangig, jedoch mit unterschiedlichem Aufwand verbunden. Für jede Domane werden

Maßnahmen beschrieben und begründet sowie Kenngrößen definiert, anhand derer die Maßnahmen evaluiert werden können. Das Vier-Domänen-Konzept, für das Diversity 4.0 u. a. steht, ist ein integratives Instrument zur Planung, Lenkung und Bewertung und ermöglicht das Ermitteln des Status-quo sowie das Definieren, Priorisieren und Feinjustieren von Maßnahmen.

In Kapitel sieben verknüpfe ich Diversity mit Nachhaltigkeit und transformativer Kraft. Das „Leadership-Haus" bietet Leitenden Hilfestellung beim Umgang mit Komplexität. Es greift die Resilienz-Prinzipien der sozial-ökologischen Forschung auf und kombiniert drei „Meta-Strategien" der Nachhaltigkeit: Abstraktion, Vielfalt und Einfachheit.

Fazit

Diversity Management zielt darauf ab, aus einem (unabwendbaren) Zustand Nutzen zu ziehen. Ob man den Nutzen ökonomisch oder sozial begründet -Diversity Management ist so aussichtsreich wie anspruchsvoll.

Diversity in der Praxis

2

Nach meinem Eindruck hat DM in solchen Organisationen eine gewisse Reife, die sich im Wettbewerb behaupten müssen bzw. unter öffentlicher Beobachtung stehen. DM wird meist von Frauen verantwortet. Ob sie dafür besonders gut geeignet sind, kann hier nicht untersucht werden. Die Beiträge in diesem Kapitel bilden unterschiedliche DM-Facetten ab, der letzte skizziert Entwicklungen aus Sicht einer erfahrenen Akteurin. Die Beiträge basieren auf persönlichen Gesprächen.

2.1 Patenschaft und Haltung

Die Deutsche Bahn beschäftigt in ihren Geschäftsbereichen Regio, Fernverkehr und Cargo, den Netzen Fahrweg, Energie und Personenbahnhöfe sowie den Systemverbünden Schenker und Arriva weltweit ca. 330.000 Menschen, davon ca. 219.000 in Deutschland.

Christine Epler verantwortet im Unternehmen den Bereich Diversity. In dieser Funktion sieht sie, neben dem praktischen Nutzen, einen Beitrag für mehr Gerechtigkeit und Verwirklichung von Zugehörigkeit in unserer Gesellschaft. Bereits ein Jahr nach ihrem Eintritt in die Firma wurde Diversity in der Konzernstrategie verankert. Eine Mitarbeitenden-Befragung hatte den Wunsch ergeben, Diversity (gefühlt) nicht nur auf das Geschlecht zu beziehen, sondern den Begriff breiter zu fassen. Heute orientiert man sich an den „inneren" Diversity-Dimensionen der Charta der Vielfalt, und außerdem an „Diversity of minds". Sie drückt sich in der Verschiedenartigkeit von „Typen" nach Persönlichkeit und Denkweise aus.

Ergebnis dieser Neuorientierung ist die Initiative „Einziganders". Hier wurden drei Netzwerke neu belebt: „Frauen bei der Bahn", das LGBTIQ-Netzwerk (Lesbian, Gay, Bisexual, Trans, Intersex, Queer) namens „Railbow" sowie „DB

P. Kinne, *Diversity 4.0*, essentials, https://doi.org/10.1007/978-3-662-65403-3_2

Cultures". Diese Netzwerke dienen zum einen dem Kennenlernen und Vernetzen, zum anderen der Stärkung von gegenseitigem Verständnis, Toleranz und Respekt für das „unbekannte Andere", durch Interaktion, Vorträge und Schulungen. Beim „Gender Monitoring" soll bis 2024 der Anteil weiblicher Führungskräfte auf 30 % gesteigert werden (heute 25 %). Bei „Scoring Girls" vermittelt man zusammen mit der Organisation „Hawar Help" Mädchen und jungen Frauen Entscheidungs-hilfen und Know how für eine selbstbestimmte Berufswahl. Die Aktivitätenliste ließe sich fortsetzen.

Vorstände der Deutschen Bahn übernehmen Patenschaften für einzelne Diversity-Dimensionen. Das Streben nach Diversity ist im Recruiting, in der Nachfolgeplanung und in der Führungskräfteentwicklung verankert. Hier entsteht eine neue Aufmerksamkeit, z. B. für die Frage, ob hinreichend viele Facetten in den Karrierepfaden zu finden sind. Durch Komplettbefragungen und kontinu-ierliches Besetzungs-Monitoring wird ermessen, wie wirksam die Maßnahmen sind.

Aufgrund ihrer Vielfalt ist die Deutsche Bahn ein Spiegel der Gesellschaft – für Christine Epler eine echte Herausforderung. Diversity Management ist in diesem Kontext nicht „Sprint", sondern „Marathon". Nicht jeder schätzt das Gen-dern. Noch weniger schätzt man es, mit immer weiteren Regeln und Projekten konfrontiert zu werden. Das macht strategische Verankerung so wichtig: Qualität vor Quantität. Ein wichtiges Projekt für 2022 ist für Führungskräfte bestimmt und trägt den Titel „Haltung". Mit Beteiligung unterschiedlicher Funktionen sol-len Erwartungen, die der Anspruch im Umgang mit Diversity mit sich bringt, reflektiert, neues Verhalten soll implementiert werden. Es gilt, im Diskurs zu bleiben, damit die Positionen im Unternehmen nicht so weit auseinanderdriften wie in weiten Teilen unserer Gesellschaft.

2.2   Tun, was richtig ist

Die SAP SE ist Marktführer für Unternehmenssoftware und nach Marktkapita-lisierung eines der wertvollsten deutschen Unternehmen. Mit mehr als 100.000 Beschäftigten in über 140 Ländern design und vertreibt es ERP-Systeme (Enter-prise Ressource Planning), über die heute 77 % des weltweiten Handelsvolumens laufen.

Nina Straßner verantwortet mit Ihrem Team DM für Deutschland mit 23.000 dort Beschäftigten. Die engagierte Fachanwältin für Arbeitsrecht hatte die Gele-genheit ergriffen, in einer großen Organisation auch gesellschaftlich Wirkung zu entfalten. Mit DM will sie tun, was nach Kants kategorischem Imperativ richtig ist. Wenn sich Menschen gehört fühlen, deren Hintergründe viel Energie absorbieren (z. B. beim Unterstützen ihrer zugewanderten Eltern im Umgang mit deutschen Behörden), geht es ihnen besser und sie sind eher bereit, sich zu persönlichen Belangen zu äußern. Das erleichtert nicht nur die Integration in betriebliche Gemeinschaften, sondern auch die Entfaltung ihrer Potenziale. Hier geht kultureller Anspruch einher mit wirtschaftlichen Interessen. Ohne eine gesunde Balance zwischen diesen Paradigmen bleibt DM nach Straßners Überzeugung ein stumpfes Schwert.

Die DM-Strategie bei SAP beinhaltet die Programme „Inclusive Career Journeys" (Talentförderung), „Inclusive Culture" (Leadership-Skills) und „Diverse Eco-Systems" (Infrastruktur). Im Rahmen dieser Programme setzt Straßner neue Akzente. Eine Initiative zum Anstoß von Debatten über Wechseljahre am Arbeitsplatz hatte es bei SAP noch nicht gegeben. Führungskräfte gewinnen Selbsterkenntnis, wenn man sie unterstützt, „lebendige Stellenausschreibungen" mit bewusst guter Laune zu formulieren. Die Einführung einer Vaterzeit, in deren Verlauf man jungen Vätern 20 % ihrer Arbeitszeit schenkt, kam sehr gut an und schafft ein völlig neues Bewusstsein für das Vater-Sein. Diskussionen über Vielfalt entfernen sich zunehmend von Dimensionen wie Geschlecht und Hintergrund und konzentrieren sich mehr auf Generationen, weil das alle Beschäftigten anspricht.

Wenngleich es bei SAP „Hiring-Rates" gibt, die erkennen lassen, wie sich der Frauenanteil in Führungspositionen entwickelt, benutzt Nina Straßner lieber einen anderen Erfolgsindikator: stetig steigende Offenheit und weniger Misstrauen – für sie der Beweis, dass der Umgang mit neuen Themen leichter wird. Die größte Hürde beim DM sei aber immer noch das Commitment der Führungskräfte. Wandel ist schmerzhaft. Die Realisierung kann zumindest kurzfristig schlechte Bewertungen durch MitarbeiterInnen nach sich ziehen, für die sich Leitende rechtfertigen müssen. Wichtig ist hier volle Rückendeckung durch deren Vorgesetzte.

Für 2022 hat sich Nina Straßner vorgenommen, mehr Synergien mit ihren Kolleginnen in anderen Ländern zu erzeugen. Unterschiedliche Wertesysteme im Ausland können Interessenkonflikte hervorrufen, die gemeinsam besser lösbar sind. Das bringt zudem erhebliche Lerneffekte mit sich. Solche Wissens-Synergien seien schon deshalb hilfreich, weil Diversity kein einklagbarer Zustand ist. Es ist jedoch ein Prinzip, das es gemeinschaftlich zu verteidigen gilt.

2.3   Horizont erweitert

Die Max-Planck-Gesellschaft hat zusammen mit der Kaiser-Wilhelm-Gesellschaft, aus der sie hervorgegangen ist, bis heute 29 NobelpreisträgerInnen hervorgebracht und ist damit Deutschlands erfolgreichste Forschungsorganisation. In derzeit 86 Instituten betreibt die Gesellschaft Grundlagenforschung in den Natur-, Lebens- und Geisteswissenschaften im Dienst der Allgemeinheit.

Dr. Ulla Weber ist die Gleichstellungsbeauftragte der Gesellschaft, Frauke Logermann betreut den Bereich Diversity & Inclusion. Beide sehen DM als Inkubator für Exzellenz in der Forschung, der dazu beiträgt, wissenschaftliche Talente für die Gesellschaft zu gewinnen, ungeachtet ihres Alters, Geschlechts, ihrer ethnischen und sozialen Herkunft, sexuellen Orientierung, Beeinträchtigung und sonstigen Merkmale. Mehr als ein Drittel der Max-Planck-DirektorInnen und die Hälfte der DoktorandInnen haben einen ausländischen Pass; bei den Post-DoktorandInnen sind es sogar 80 %. Die Gesellschaft muss auf deren Bedürfnisse eingehen, um ihren Exzellenz-Pool ständig erweitern zu können. Studien zufolge steigt der Forschungs-Output mit wachsender Diversität der Forschungsteams. Grundlagenforschung erzeugt Wissen, das meist nicht direkt in praktische (und kommerziell nutzbare) Anwendungen umsetzbar ist. Ein weiterer Erfolgsindikator ist Teilhabe am globalen Wissenschaftsmarkt, der nur besonders qualifizierten ForscherInnen offensteht. Während der Fokus der bundesdeutschen Gleichstellungspolitik auf Chancengleichheit zwischen Frauen und Männern liegt, hat die Max-Planck-Gesellschaft, als internationale Forschungsgesellschaft, ihren Horizont längst vom „binären Ansatz" auf weitere Diversity-Dimensionen erweitert.

Ulla Weber stellt heraus, dass die Gleichstellungsstrategie einem strukturellen Ansatz folgt, der über das Durchführen individueller Maßnahmen hinausgeht. Nur so könne Geschlechtergerechtigkeit nachhaltiger werden. Die Max-Planck-Gesellschaft hat sich verpflichtet, den Frauenanteil pro Jahr um einen Prozentpunkt zu steigern, bei Direktorinnen, Forschungsgruppen- und Teamleiterinnen. In jedem größeren Institut soll bald mindestens eine Direktorin arbeiten. Frauke Logermann hebt das neue Diversitätsverständnis der Gesellschaft hervor. DM sei heute professioneller, gelte als „Service" und strebe Gleichbehandlung des wissenschaftlichen und nichtwissenschaftlichen Bereichs an. Im „Talent, Gender & Diversity-Board", das aus Mitgliedern der zentralen Verwaltung und der Institute besteht, bearbeitet man Themen wie Willkommenskultur, Anti-Diskriminierung, Anti-Rassismus und Beschäftigte mit Schwerbehinderung und entwickelt Standards für die dezentrale Organisation.

Institute der Max-Planck-Gesellschaft haben weitreichende Budgethoheit. Das führe dazu, dass Maßnahmen und Strategien im Bereich Diversity in unterschiedlichem Maß verfolgt und implementiert werden. Hier helfe es, „dranzubleiben", Betroffene da abzuholen, wo sie stehen und widersprüchliche Positionen möglichst zu vereinen. Der Rückenwind durch die Leitung der Gesellschaft sei dabei außerordentlich hilfreich.

2022 soll es einen Diversity Excellence-Fonds geben, mit dem man lokale Projekte fördern will, die alle Diversity-Dimensionen betreffen. Irgendwann einmal soll die Max-Planck-Gesellschaft so inklusiv sein, dass soziokulturelle Andersartigkeit keiner Rede mehr wert ist.

2.4   10 Jahre Charta der Vielfalt

Der Verein Charta der Vielfalt e. V. ist eine Unternehmensinitiative zur Förderung von Vielfalt in Unternehmen und Institutionen. Vielfalt erweist sich für den Verein u. a. in Unterschieden im Alter, Geschlecht und in geschlechtlicher Identität, ethnischer Herkunft und Nationalität, körperlichen und geistigen Fähigkeiten, Religion und Weltanschauung, sexueller Orientierung und sozialer Herkunft. Mit Aktivitäten wie dem jährlichen Deutschen Diversity Tag, der Diversity Konferenz, der Diversity Challenge (Ideenwettbewerb zur Vielfalt für junge Beschäftigte) sowie der Herausgabe von Publikationen zu unterschiedlichen Themen will der Verein die Anerkennung, Wertschätzung und Einbeziehung von Vielfalt in der Organisationskultur in Deutschland voranbringen. Durch Unterzeichnung der Charta der Vielfalt verpflichten sich private und öffentliche Organisationen, soziokulturelle Vielfalt zu fördern. Bis heute haben ca. 4300 Organisationen mit 14,3 Mio. Beschäftigten die Charta unterzeichnet, darunter DAX-Konzerne und Unternehmen jeder Größe, Behörden, Städte, Bundesländer, diverse Bundesministerien, die Bundesagentur für Arbeit sowie zahlreiche Hochschulen, Vereine, Verbände und Stiftungen. Aletta Gräfin von Hardenberg hat von 2011–2021 als Geschäftsführerin der Charta der Vielfalt e. V. den Weg des Vereins zu seiner heutigen Bedeutung wesentlich geprägt. Hier unser Dialog:

Gräfin Hardenberg, 10 Jahre Charta der Vielfalt liegen hinter Ihnen – vermissen Sie die Tätigkeit an vorderster Front?
Durchaus, weil ich nach wie vor für das Thema brenne. Ich hatte mir selbst diesen Zeitraum gesetzt, weil ich mich nach 40 Jahren im Arbeitsprozess auch anderen Themen widmen möchte.
Wie hat sich die Diversity-Diskussion in Deutschland verändert?

Soweit es die UnterzeichnerInnen der Charta betrifft, ist die Diskussion breiter geworden. Das gilt sowohl mit Hinblick auf die Diversity-Dimensionen als auch auf die Art der Organisationen, die sich an der Diskussion beteiligen. Der Fokus bei den Dimensionen lag anfangs fast ausschließlich auf dem Geschlecht – Diversity war ein Frauenthema, das vor allem in der Wirtschaft diskutiert wurde. Heute betreiben auch öffentliche Arbeitgeber, Hochschulen, Institute, Verbände und soziale Einrichtungen Diversity Management und nehmen dabei verstärkt auch Dimensionen wie Alter, geschlechtliche Identität, ethnische Herkunft, körperliche und geistige Fähigkeiten sowie soziale Herkunft in den Blick. Wie souverän sie damit umgehen, ist allerdings eine andere Frage.

Das Thema ist auch mehr in den gesellschaftlichen Fokus gerückt. Organisationen mit einem Demografie-Problem suchen junge Leute, Bekenntnis zu Diversity ist ein wichtiger Imagefaktor. Unternehmen haben erkannt, dass Diversity nicht nur die eigene Belegschaft betrifft, sondern auch Kunden und Märkte. Für Ratingagenturen ist Diversity ein Bewertungskriterium.

Die Charta der Vielfalt betont, dass Diversity den Unternehmen ökonomische Vorteile bringt. Wie hoch schätzen Sie den Anteil der Unterzeichner, die diese Vorteile zu nutzen wissen?

Viele haben offenbar verstanden, dass gemischte Teams ihre Organisation innovativer machen können, wozu auch Impulse aus der Wissenschaft beitragen. Das heißt aber nicht, dass sie immer auch danach handeln. Oft gilt Diversity als „Personalerthema" mit moralischem Anspruch und einer gewissen Imagewirkung, nicht als strategisches Werkzeug mit ökonomischem Impact.

Das hier vorgestellte Vier-Domänen-Konzept unterscheidet Befähiger und Ziele. Befähiger sind Wissen und Mindset. Ziele sind zum einen symbolische Darstellung von Offenheit und Chancengleichheit, zum anderen Ertragssteigerung durch höhere Lösungskompetenz. Auf welchen Feldern sehen Sie die größten Herausforderungen?

In erster Linie bei den Befähigern. Man muss ja erst einmal wissen, worum es bei Diversity geht und warum es (auch) ein Strategiethema ist. Zudem denken manche Führungskräfte, die selbst z. B. keinen Migrationshintergrund haben, es sei „Thema der Anderen". Sie übernehmen nicht die Rolle eines ‚Allies'. Das prägt ihren Mindset. Es bringt aber nichts, wenn Menschen zwar nach Diversity-Aspekten rekrutiert werden, dann aber ganz andere Haltungen erleben. Ideal ist, wenn bereits die Führungsriege nach Geschlecht, Alter, sozialer Herkunft etc. *divers* besetzt und entsprechend trainiert ist. Dann werden neue Erfahrungen gemacht, und Mindsets werden „beweglicher". Dann fällt es auch leichter, sowohl Offenheit und Chancengleichheit als auch längerfristige Ertragssteigerungen zu erreichen.

Gibt es bei diesen Phänomenen Abhängigkeiten von Sektoren, Betriebsgrößen oder Branchen, oder hängt alles von der Haltung der Verantwortlichen ab?
In meinen Augen hängt es von den Verantwortlichen ab, und die sind überall unterschiedlich. Mittelständler tun sich manchmal noch schwer, ändern aber oft ihre Haltung, wenn Fachkräftemangel und Generationenvielfalt auch für sie zu einer Herausforderung werden.

Inwieweit bereiten Ihnen die durch soziale Medien gestützte gesellschaftliche Polarisierung und Radikalisierung Sorgen? Ist das eine Gefahr für die Diversity-Kultur?
In gewisser Hinsicht schon. Die MitarbeiterInnen in der Geschäftsstelle der Charta müssen diskriminierende und stereotypisierende Äußerungen oft mühsam aus der Datenflut herausfiltern. AktivistInnen tragen mitunter extreme Erwartungen vor, z. B. am Rande von Diversity Konferenzen. Natürlich sind ihre Stimmen wichtig. Mit ihren Erwartungen tun sie aber weder sich selbst noch der Diversity-Bewegung immer einen Gefallen. Auch Stimmen von rechts außen werden lauter, mit ihrem Hass auf Vielfalt in der Gesellschaft.

Bleiben Sie uns als Aktivistin in Sachen Diversity erhalten?
Ganz bestimmt.

Erfolgsnachweis gesucht

3.1 Was Finanzkennzahlen attraktiv macht

Vor Jahren berichtete die „Wirtschaftswoche" über den hohen Anteil ehemaliger Finanzvorstände an CEOs (Chief Executive Officers) in Dax-Unternehmen (19/2015). Für Aktionäre sind solche Personalien offenbar gute Nachrichten: als Siemens bekannt gab, Joe Kaeser werde Peter Löscher ablösen, stieg der Aktienkurs um zwei Prozent und der Unternehmenswert um knapp 1,5 Mrd. €. Die Ablösung von René Obermann durch Timotheus Höttges bei der Telekom hatte deren Wert um immerhin 460 Mio. € gesteigert. Investoren und Finanzvorstände sprächen *eine* Sprache, das stärke Vertrauen. Mit einem Finanzfachmann an der Spitze hätte Apple das iPhone nach Ansicht der Autoren aber nicht erfunden.

Der größte Vorteil von Finanzkennzahlen ist ihre Eindeutigkeit. Ein ROI (Return on Investment) von 15 % ist immer ein ROI von 15 %, Accounting Standards gelten weltweit. Das erleichtert die Kommunikation und Endscheidungsfindung in Vorständen und Aufsichtsgremien, die sich traditionell den Shareholdern verpflichtet fühlen. Folgerichtig begegnen EntscheiderInnen bei angespannter Kassenlage den Investitionsanträgen ihrer Diversity-ManagerInnen mit der Frage: „Was bringt uns das?" Den monetären Nutzen ihrer Vorhaben können die Fachleute aber nicht benennen, weil Diversity aus betriebswirtschaftlicher Sicht ein *Potenzial* darstellt. Ob es jemals Mehrertrag bringt, hängt von vielen Faktoren ab. Ernst gemeintes DM kostet Geld, Zeit und Nerven. Die Frage ist also, inwieweit EntscheiderInnen diesem Potenzial vertrauen.

Auch finanzorientierte ChefInnen wissen, dass Finanzkennzahlen nicht aus dem Nichts entstehen, sondern Ergebnis einer Kette von Ereignissen sind. Der ROI an der Spitze des ROI-Treiberbaums von Du Pont ist eine hochverdichtete Kennzahl, die durch Kombination anderer Kennzahlen entsteht. Abb. 3.1

P. Kinne, *Diversity 4.0*, essentials, https://doi.org/10.1007/978-3-662-65403-3_3

zeigt eine vereinfachte Form. Die unterste Ebene enthält Umsatz, Betriebskosten, Umlaufvermögen und Anlagevermögen. Umsatz basiert auf Bevorzugung durch Abnehmer (aus Gründen, die man kennen sollte). Betriebskosten sinken durch Abbau dysfunktionaler Eigenkomplexität (Abschn. 4.2). Investitionen sind sinnvoll, wenn sie zur Strategie passen (die ihrerseits sinnvoll sein sollte). Bei all diesen Kennzahlen spielt intelligent genutzte Vielfalt eine wichtige Rolle. Sie wirkt jedoch meist indirekt, zeitverzögert und im Verbund mit anderen Faktoren. Das ist typisch für immaterielles Vermögen.

3.2   Diversity ist immateriell

Immaterielles Vermögen besteht aus Ressourcen, für die anders als bei Lagerbeständen oder Maschinen kein Finanzwert errechnet werden kann. Sie erscheinen deshalb nicht in der Bilanz, was manche dazu verleitet, ihre Bedeutung zu unterschätzen. Auch Patente, Lizenzen oder Markenrechte sind immateriell, können aber bewertet und (besitz-)rechtlich geschützt werden. Das gilt aber weder für die

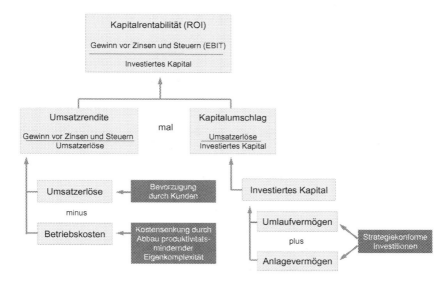

Abb. 3.1 ROI-Treiberbaum

Vielfalt der Beschäftigten noch für deren Wissen, Können, Haltungen, Interaktionsverhalten etc., wenngleich das die wahren Treiber betrieblicher Wertschöpfung sind. Bei den im Standard & Poor's 500 gelisteten US-Unternehmen stieg im Zeitraum 1975–2005 der Anteil des Marktwertes, der auf nicht bilanziertem Vermögen beruht, von 17 % auf 80 %. Grund dafür war die wachsende Bedeutung des immateriellen Gutes *Information* im Übergang von der Industrie- zur Wissensgesellschaft (Abb. 3.2).

Ende 2021 betrug die Bilanzsumme der Firma Apple 351 Mrd. $, ihr Marktwert hingegen 2,9 Billionen $. Trotz gigantischer liquider Mittel betrug der Anteil nicht bilanzierter Vermögenswerte der Firma am Marktwert ca. 88 %. Das immaterielle Vermögen einer Aktiengesellschaft gilt als Potenzial für zukünftige Wertsteigerung und ist im Aktienkurs abgebildet.

Auch Vielfalt ist nicht bilanzierbar. Abb. 3.3 bildet immaterielles Vermögen mit Kernressourcen, Beziehungen zu externen Stakeholdern und dem kulturellen Rahmen ab. Über Teile davon können Organisationen nach Belieben verfügen,

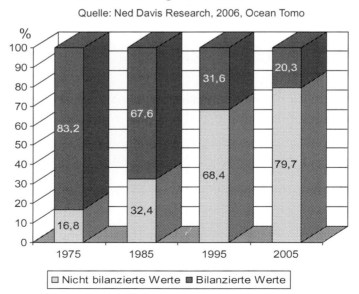

Abb. 3.2 Entwicklung der Anteile der Vermögenswerte am Marktwert

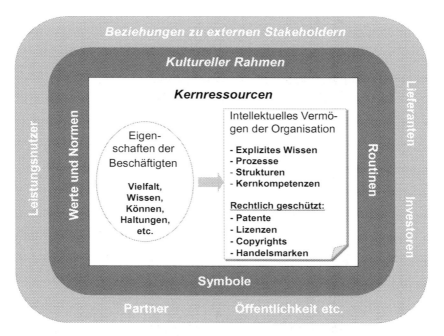

Abb. 3.3   Strukturbild des immateriellen Vermögens (Kinne, 2009)

weil sie Besitzrechte daran geltend machen können: explizites, kollektives Wissen, Prozesse, Strukturen und Schlüsselkompetenzen sowie rechtlich geschützte Patente, Lizenzen, Copyrights und Handelsmarken. Quelle dieses Vermögens sind jedoch die Vielfalt, das Wissen, Können, die Haltungen und das Interaktionsverhalten der Beschäftigten. Wenngleich Organisationen daran kein „Besitzrecht" haben, hängt Ihre Zukunftsfähigkeit davon ab.

Das wusste auch Robert Kaplan, ein Vordenker im Bereich Kostenrechnung. Finanzerfolg war für ihn Ergebnis von Ereignissen in vorgelagerten „Perspektiven". 1992 stellte er zusammen mit David Norton die Balanced Scorecard mit ihren vier Perspektiven vor (Abb. 3.4). Ursprünglich für Profit-Unternehmen gedacht, spielte in der Ziel-Perspektive *soziales Gut* zunächst keine Rolle.

Die „Strategic Readiness" eines Unternehmens basiert auf ihrem immateriellen Vermögen. Bei adäquater Gestaltung dieser „Intangible Assets" lassen sich technische Systeme und Hilfsmittel („Tangible Assets") so über Prozesse nutzen, dass Kundenbedürfnisse befriedigt und ein positives Finanzergebnis erzielt werden

Abb. 3.4 Perspektiven der Balanced Scorecard. (Nach Kaplan & Norton, 1992)

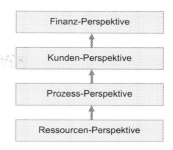

kann. Im Verlauf der Wertschöpfung wird aus immateriellem Input materieller Output bzw. *Cash* (Abb. 3.5) (vgl. Kaplan & Norton, 2004, S. 212).

Abb. 3.5 Immaterielles Vermögen erzeugt Cash

Zum immateriellen Vermögen zählten Kaplan & Norton *Humankapital* (Eigenschaften der Beschäftigten), *Informationskapital* (Datensysteme etc.) und *Organisationskapital* (Kultur, Leadership etc.). Ohne Aktivitäten der Beschäftigten entsteht jedoch weder Informations- noch Organisationskapital. Humankapital ist außerdem Grundlage des *Sozialkapitals,* das sich in der Qualität von Beziehungen ausdrückt. Ergebnis gut genutzten Human- und Sozialkapitals ist *Wissenskapital.* Abb. 3.6 zeigt die Kapitalarten in der heute üblichen Differenzierung.[1]

Modelle wie in Abb. 3.5 veranschaulichen den Einfluss immaterieller Ressourcen und ermöglichen die Planung konkreter Maßnahmen. Ein ähnliches Modell basiert auf folgender Logik: Zielgruppen privater und öffentlicher Organisationen sind KundInnen, PatientInnen, BürgerInnen und sonstige AbnehmerInnen. Sie entscheiden sich für Anbieter mit hinreichend attraktiven Angeboten (gilt nicht bei Regelversorgung). Auch Beschäftigte sind AbnehmerInnen. Attraktive Angebote basieren auf Schlüsselkompetenzen, die wiederum auf kollektivem Wissen. Zwischen den Phasen im Modell der Abb. 3.7 findet Austausch statt. Dadurch werden Beschäftigte und externe Zielgruppen gebunden und die dafür nötigen

---

[1] Das International Intangibles Reporting Council (IIRC) nennt das (teilweise schützbare) Wissenskapital der Organisation „Intellectual Capital" (IR Framework, 2021).

Abb. 3.6   Differenzierung der Vermögensarten

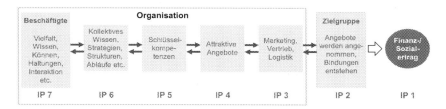

Abb. 3.7   Wertschöpfung mit Interventionsphasen. (Vgl. Kinne, 2014)

Angebote erzeugt, beworben und verteilt. Die Phasen können durch Interventionen optimiert werden (IP = Interventionsphase)[2]. Auch DM lässt sich nach dieser Logik gestalten.

---

[2] Die Ziffern hinter IP bilden die Zeit bis Eintritt von Finanz-/Sozialertrag ab. Investitionen in Beschäftigte (IP7) wirken langfristiger als z. B. Liquiditätsmanagement (IP1).

Die Frage, worauf genau es in den frühen Phasen der Wertschöpfung ankommt, lässt sich allerdings nur beantworten, wenn man weiß, was jeweils *wünschenswert* ist. Das hat auch die *Intellectual Capital-Community* erkannt, der es u. a. darum ging, immaterielles Vermögen zu bewerten (Edvinsson & Malone, 1997; Sveiby, 1997; Mayo, 2003; Andriessen, 2004; Alwert et al., 2004 etc.). Da man „Intangibles" mannigfaltig gestalten und nutzen kann, gilt es herauszufinden, wie man sie gestalten muss, um attraktive Angebote machen und angepeilte Erträge erzeugen zu können. Ohne *Zwischenziele bzw.-effekte* entfaltet immaterielles Vermögen nicht die gewünschte Wirkung.

Wünschenswerte Effekte findet man mitunter durch Befragung. Welche Arbeitszeitregelung Beschäftigte mit jungen Familien engagierter macht, können am besten Beschäftigte mit jungen Familien beurteilen. Dass Zielgruppen wichtige Hinweise zum Design der für sie gedachten Regelungen liefern, ist keine Überraschung (vgl. Pike & Roos, 2004). Von der Regelung selbst läßt sich darauf schließen, wie sie umgesetzt werden kann.

3.3 Effekte planen

Der ökonomische Nutzen von Diversity wird recht einheitlich begründet. Cox unterscheidet den unmittelbaren Nutzen (Value in Diversity) von „EOMC-Effekten" (Equal Opportunity and Motivation to Contribute). Der unmittelbare Nutzen mache die besten Talente verfügbar, das Marketing zielgruppengerechter, Organisationen kreativer, innovativer und flexibler und steigere damit das Potenzial zur Problemlösung. EOMC-Effekte wirken hingegen mittelbar, indem sie der Arbeit eine positive Aura geben. Beschäftigte sind dann zufriedener, leisten mehr und verbessern die Ertragssituation (Cox, 1993, S. 7, 27). Eine umfassende Studie hat die Europäische Kommission beauftragt (CSES, 2003). Danach beruht der kurz-bis mittelfristige Nutzen auf

- Kostensenkung (durch weniger Fluktuation, Fehlzeiten und Klagen)
- Weniger Engpässen bei Arbeitskräften
- Zugang zu neuen Märkten (durch Eigen-Diversität)
- Besseren Leistungen auf bestehenden Märkten (durch höhere Produktivität und Kundenloyalität)

Der langfristige Nutzen stärkt das immaterielle Vermögen und erzeugt

- Imagevorteile
- Bessere Chancen bei der Talentsuche

- Mehr Innovationskraft und Kreativität
- Mehr Kompetenz im globalen Management

Während die Kosten von Fluktuation, Fehlzeiten, Arbeitsrechtsklagen und Personalrekrutierung relativ gut kalkulierbar sind, beruhen die übrigen Effekte auf vermuteten Kausalitäten und ergeben sich keineswegs automatisch (Mensi-Klarbach, 2012). Die Komplexität des Themas kann ein Kennzahlen-getriebenes Controlling vor schier unlösbare Aufgaben stellen (Stuber, 2014, S. 268). Mit den Phasen der organisationalen Wertschöpfung vor Augen können jedoch wünschenswerte Effekte systematisch geplant werden. Tab. 3.1 zeigt ein Beispiel.

Tab. 3.1   DM-Effekte in unterschiedlichen Phasen

Interventions-Phasen (IP)	DM-Effekte	Zeithorizont
IP 1–4	Produkte & Services, Personen und Prozesse in Marketing, Vertrieb, Logistik bilden die Vielfalt der Kunden und deren Bedürfnisse ab	Kurzfristig
	Der Einstieg in neue Märkte wird leichter	
IP 5	Produktive Nutzung heterogenen Gruppen ist Schlüsselkompetenz	Mittelfristig
	Lebensphasenspezifische Arbeitszeitregelung und Wissensvermittlung	
	Kultursensible Gestaltung der Arbeitsbedingungen	
	Chancengleichheit für alle Beschäftigten	
IP 6	Kollektive Kenntnis des sozioökonomischen Nutzens von Diversity	
	Kollektive Kenntnis soziokultureller Unterschiede	
IP 7	Gewinnung Diversity-affiner Beschäftigter	Langfristig
	Persönliche Kenntnis des sozioökonomischen Nutzens von Diversity und der Möglichkeiten seiner Ausschöpfung	
	Persönliche Kenntnis soziokultureller Unterschiede	
	Persönlicher Kompetenzgewinn im Umgang mit Diversity	
	Bessere Coaching-Fähigkeit	
	Persönliche Wertschätzung und Förderung aller Beschäftigten	

Von geplanten Effekten können konkrete Maßnahmen abgeleitet und budgetiert, die Wirksamkeit kann mittels geeigneter Kennzahlen evaluiert werden (Kap. 6).

Fazit

Diversity ist immaterielles Vermögen. Wer davon Mehrertrag erhofft, benötigt Vertrauen in ihr Potenzial, Geschick und Ausdauer. Bestimmte Wünsche sollte man ebenso konkretisieren wie den gewünschten Zeitpunkt ihrer Erfüllung. Dabei helfen Planung und Lenkung anhand eines Phasenmodells.

Komplexität, Varietät und Produktivität

4

4.1 Komplexität begreifen und bewältigen

Die Komplexität des Geschehens um uns herum überfordert bei Weitem unsere kognitive Verarbeitungskapazität. Als Herbert Simon, Nobelpreisträger für Wirtschaft von 1978, dafür den Begriff „Bounded Rationality" benutzte, hatte das Internet seine Wirkung noch nicht entfaltet. Gesellschaftssysteme waren durch Grenzen voneinander getrennt, eine globalisierte, digitalisierte Wirtschaft existierte noch nicht. Das änderte sich im Verlauf der 1980er Jahre durch Auflösung fester Machtblöcke, Deregulierung der Finanzmärkte und Quantensprünge der Kommunikationstechnologie. Die Komplexität unserer Lebenswelt wurde dadurch in völlig neue Höhen getrieben. Individualisierung, Diversifizierung und Spezifizierung kennzeichnen „postmoderne" Gesellschaften.[1] Ihre Bürokratien und Technokratien sind anfälliger für Fehler (Noenning, 2006).

Komplexität gehört zu den großen Herausforderungen unserer Zeit. Sie ist eine Eigenschaft von Systemen und bemisst sich nach ihrer *Varietät,* der Menge möglicher, unterscheidbarer Zustände. Varietät ist gleichbedeutend mit Diversität. Sie wächst mit der Anzahl und Verschiedenartigkeit der Systemelemente (Menschen, Teilsysteme, Abläufe, Regeln etc.), den Wechselwirkungen dazwischen und der Veränderlichkeit von Elementen und Wechselwirkungen. Organisationen sind komplexe, soziale Systeme, die mit Systemen ihrer Umwelt (Natur, Lieferanten, Abnehmer, Öffentlichkeit etc.) in Beziehung stehen. Vieles geschieht zufällig,

---

[1] Postmodernes Denken verneint die Gültigkeit der Erzählungen der Aufklärung, des Idealismus und Historismus. Anders als in der „Moderne" (z. B. im Laufe der Industrialisierung) gäbe es heute kein „Fortschrittsziel". Unsere Welt sei vielmehr pluralistisch, zufällig und chaotisch (Lyotard, 2009). Themen wie Nachhaltigkeit deuten jedoch darauf hin, dass Errungenschaften der Aufklärung, wie vernunftbasiertes Denken, bedeutsam bleiben.

© Der/die Autor(en), exklusiv lizenziert an Springer-Verlag GmbH, DE, ein Teil von Springer Nature 2022
P. Kinne, *Diversity 4.0*, essentials, https://doi.org/10.1007/978-3-662-65403-3_4

im Verborgenen, zu unterschiedlichen Zeiten an unterschiedlichen Orten. Handlungen haben oft genug unerwünschte Fern- und Nebenwirkungen. Komplexe soziale Systeme verhalten sich *nicht-linear,* ihr Verhalten ist fast so unvorhersehbar wie das Umfeld, in dem sie agieren. Wie aber können EntscheiderInnen darauf reagieren? Hier bieten sich verhaltens-, methoden- und strukturbasierte „Techniken" an:

Verhaltensbasiert

- Fatalismus (Dinge auf sich zukommen lassen)
- Intuitives Handeln (nach Bauchgefühl und gesundem Menschenverstand)
- Hindurchwursteln
- Flucht
- Rückzug auf einfache Lösungen
- Achtsamkeit, Offenheit, Gedankenvielfalt, Flexibilität etc.

Methodenbasiert

- Versuch und Irrtum
- Einführung weiterer Regeln
- Scrum-Prinzip (niederschwelliger Projekteinstieg, schrittweise Erweiterung)
- Chaosmanagement (Einsatz der Spieltheorie)
- Chancen- bzw. Optionsmanagement (Vieweg, 2015)

Strukturbasiert

- Fraktale Unternehmensführung (im Spannungsfeld zwischen inspirierenden, restringierenden, fokussierenden und variierenden Kräften) (Zehender, 1998)
- Reduzierung dysfunktionaler Eigenkomplexität
- Erweiterung von Horizonten und Handlungsspielräumen

Flucht ist für Verantwortliche eher ungeeignet, Rückzug auf einfache Lösungen löst komplexe Probleme nicht wirklich. Im Übrigen kann man die Techniken nach Zweckmäßigkeit kombinieren. Sie sind jedoch umso nachhaltiger, je weniger sie von bestimmten Personen (und deren Launen) abhängen, weil man sie *strukturell verankert.* Die wohl wichtigste strukturbasierte Technik steckt in einer paradoxen Regel:

Reduziere dysfunktionale Eigenkomplexität, erweitere aber Horizonte und Handlungsspielräume.

Das Erweiterungsgebot basiert auf einem Gesetz von Willam R. Ashby: „Only variety can destroy variety" (Ashby, 1970).[2] Wer komplexe Aufgaben lösen will, braucht dazu ein System, dessen „Verhaltensrepertoire" der Komplexität der Aufgabe entspricht (Schwaninger, 2006, S. 14). Vielfalt kann dann durch Vielfalt *absorbiert* werden. Aber was ist dysfunktionale Eigenkomplexität (DEK)?

4.2   DEK ist toxisch

Eigenkomplexität ist hausgemacht. Einen Teil davon muss man *organisieren,* um nach Ashby's Gesetz komplexe Aufgaben lösen zu können. Einzelkämpfer müssen sich zwar mit niemandem abstimmen, scheitern jedoch meist beim Versuch, komplexe Aufgaben zu lösen. Dazu braucht man ein komplexeres Lösungssystem, z. B. ein heterogenes Team. Eigenkomplexität ist jedoch dysfunktional, wenn die Vielfalt möglicher Zustände den Apparat unübersichtlich, ineffektiv und ineffizient macht. Dann ist sie sogar *toxisch.* DEK entsteht durch Orientierungslücken, Interaktions-Barrieren und organisationalen Ballast. Worum geht es dabei genau?

Orientierungslücken vervielfachen die Menge möglicher Zustände, Grund dafür ist *Nicht-Wissen.* Sofern es die Zukunft betrifft, ist Nicht-Wissen kaum vermeidbar. Das gilt jedoch nicht, wenn Beschäftigte nicht wissen, „wo es lang geht", was von ihnen erwartet wird, was in der Organisation als richtig und falsch gilt. Identitätskonforme Leitbilder, ernst gemeinte Werte- und Nutzenbotschaften sowie gut durchdachte und kommunizierte Strategien dienen der Orientierung und reduzieren die Menge möglicher Zustände auf die *wünschenswerten.* Aber auch Irritationen, die z. B. entstehen, wenn Anspruch und Wirklichkeit nicht zusammenpassen, erzeugen Orientierungslücken. Kanter hat vorbildliche Unternehmen studiert und schreibt: „A company's official value statement and code of ethics can avow all the good things it wants, but it is rendered meaningless if meanwhile in practice everyone knows that the principles aren't serious and that employees can get away with tweaking them." (Kanter, 2009, S. 78).

Nichteinlösung von Versprechen erzeugt Misstrauen. Das steigert die DEK, weil es mehr zu kontrollieren und abzusichern gibt. Mitunter wird schlichtweg die Komplexität unterschätzt, die das Einlösen eines Versprechens mit sich bringt. Ein berühmtes Beispiel ist Angela Merkels Satz „Wir schaffen das!" auf dem Höhepunkt der Flüchtlingswelle von 2015. Nichteinlösung fällt dennoch auf

---

[2] William R. Ashby gilt als Pionier der Kybernetik, der Lehre vom Lenken komplexer Systeme.

die Versprechens-GeberInnen zurück. (Vor allem im Ausland hat der Satz dem Ansehen der Bundeskanzlerin aber keineswegs geschadet).

Damit ist *Vertrauen* ein wirksames Mittel zum Abbau von DEK. Luhmann schreibt: „Wo es Vertrauen gibt, gibt es mehr Möglichkeiten des Erlebens und Handelns, steigt die verkraftbare Komplexität des sozialen Systems, also die Anzahl der Möglichkeiten, die es mit seiner Struktur vereinbaren kann, weil im Vertrauen eine wirksamere Form der Reduktion von Komplexität zur Verfügung steht" (Luhmann, 2000, S. 8, 9). Für Sprenger ist Vertrauen sogar das beherrschende Thema der nächsten Jahrzehnte und wichtigster Erklärungsansatz für wirtschaftlichen Erfolg (Sprenger, 2002). Es geht auch nicht verloren, wenn man eingesteht, keine Lösung zu haben, solange dieser Zustand nicht von Dauer ist. Belardo sieht im Vertrauen einen Wettbewerbsvorteil für Anbieter vergleichbarer Produkte: „Not only will trust help organizations achieve the maximum benefits that new age management techniques promise, but for a number of organizations, especially those that have commoditized their products or services, trust can serve as a competitive weapon." (Belardo & Belardo, 1997, S. 36).

Vertrauen stärkt Kulturen. In kulturell starken Organisationen ist man sich einig im Verständnis grundlegender Werte. Werte, Regeln, Anforderungen, Handlungen und Beurteilungen sind in sich stimmig. Erfolgreich sind solche Organisationen dann, wenn sie auf Veränderungen in ihrem Umfeld durch Anpassung reagieren und die Interessen ihrer Stakeholder berücksichtigen (Kotter & Heskett, 1992). Vermeidbare Orientierungslücken sind da kein ernstes Problem.

Mit steigendem Organisationsgrad wächst die Bedeutung der *Interaktion*. Das ist die „Fähigkeit zur Signalübermittlung zwischen den Elementen eines Systems, Personen eines Staatswesens, Komponenten einer Maschine oder Bestandteilen eines Organismus" (Noennig, 2006). Interaktions-Barrieren behindern den in einer dynamischen Welt wichtigen Fluss von Informationen durch habituelle, strukturelle und technische Hürden. Verständigungsprobleme können ebenso Ursache sein wie Misstrauen, Machtspiele, lange Flure, schlechte IT-Lösungen und Verharren in Fachsilos, die wegen der Flut neuen Wissens so prächtig gedeihen. Sinnstiftende Orientierungsgrößen, stimmige Umsetzung, Verständlichkeit, flache Hierarchien, kurze Wege und Vertrauen bauen Interaktions-Barrieren ab. Gute IT-Lösungen erleichtern das Interagieren innerhalb und außerhalb der Systemgrenzen.

Vertrauensbasierte Interaktion ist Grundlage guter Kooperation. Schmid hat verschiedene Möglichkeiten untersucht, Barrieren im Wissenstransfer zu überwinden, der auf Kooperation basiert. Dazu befragte sie Beschäftigte aller Altersgruppen in Unternehmen aller Größenklassen und verglich Konzepte der „neuen Institutionen-Ökonomie"[3] mit dem Vertrauensansatz. Während Besitzrechte, Verträge, Normvorgaben und Kontrollsysteme den Wissenstransfer kaum positiv beeinflussten, war Vertrauen, neben sinnvollen Anreizsystemen, besonders wirksam (Schmid, 2011). Vertrauen ist deutlich preiswerter als Anreizsysteme und erzeugt außerdem das Gefühl der Sicherheit. Das Center for Talent Innovation hat Voraussetzungen für Höchstleistungen ermittelt: „Brilliant individuals and high-performing teams cannot deliver in a culture where channels for experimentation don't exist, failure is penalized, and the loudest voice in the room is that of the leader." (Hewlett et al., 2013).

Das betrifft die *psychologische Sicherheit*. Sie beruht auf der Überzeugung, dass man Meinungen, Ideen, Bedenken und Kritik äußern kann, ohne deswegen ignoriert, belächelt, kritisiert, bestraft oder entlassen zu werden (Edmondson, 2019). Was das für Teamarbeit und Führung bedeutet, erschließt sich leicht (Abschn. 4.5).

Organisationaler Ballast entsteht durch funktionsunwichtige Einheiten, unnötige Bestände, überkomplizierte Prozesse (japanisch *Muda*- Verschwendung), überkomplexe Produkte und sinnlose Projekte. Durch Anwendung von Lean-Management-Instrumenten (KVP, Six Sigma, Just-in-time etc.) wurden Hersteller deutlich produktiver. Manche Abläufe werden durch Digitalisierung und Automatisierung effizienter. Effizienzreserven liegen aber auch in Lern-, Führungs-, Lenk- und Kooperationsprozessen. Letztere erzeugen auch Synergien bei Querschnitts-Disziplinen (Abschn. 4.4 und Kap. 5).

Orientierungslücken, Interaktions-Barrieren und organisationaler Ballast verstärken sich gegenseitig. DEK ist ein Stressfaktor und beeinträchtigt das Reaktionsvermögen. Damit steigen Fehlerquote und Reparaturaufwand. Auch schlecht koordiniertes DM kann zum Ballast werden. Betritt man unbekanntes Terrain, ist geringe DEK besonders wichtig, weil man Freiraum zum Experimentieren benötigt. Geringe DEK macht mehr Komplexität *verkraftbar.* Organisationen mit hoher DEK sind hingegen so sehr mit dem Ausbügeln von Fehlern beschäftigt, dass aus ihren Orientierungslücken *Kompetenzlücken* werden.

---

[3] Die Institutionen-Ökonomie untersucht systemspezifische Faktoren, ihre Bestimmungsgründe und Kostenwirkung. Man nimmt an, dass Informationen nicht wie in der Neoklassik *vollständig* und *symmetrisch,* sondern *unvollkommen* und *asymmetrisch* verteilt sind, je nach Interessenlage der Beteiligten. Zentrale Ansätze sind der Property-Rights-Ansatz, der Transaktionskostenansatz und der Principal-Agent-Ansatz (Schmid, 2011).

4.3 Horizonte und Handlungsspielräume erweitern

Wer ein System *reguliert,* sollte wissen, wie es *funktioniert.* Die Regel „Every good regulator of a system must be a model of that system" erklärt den Sinn von Modellen (Conant & Ashby, 1981). Gute Systemmodelle heben die besondere Rolle der Beschäftigten hervor, die mit freiem Willen ausgestattet sind und täglich neu entscheiden, ob sie 1) wieder zur Arbeit kommen, 2) sich dort engagieren und 3) ihr Wissen teilen. Organisationen müssen gute Gründe dafür liefern. Das Modell in Abb. 4.1 s bildet die Organisation mit Beschäftigten, Märkten, sonstiger Umwelt und der systemkritischen Dimension *Zeit* ab. Es ist mit dem Phasenmodell in Abb. 3.7 kompatibel.

Leistungsführer denken systemisch. Wenn sie entscheiden, ziehen sie mögliche Reaktionen ihrer Stakeholder an unterschiedlichen Orten zu unterschiedlichen

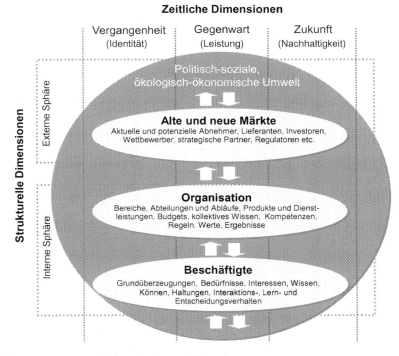

Abb. 4.1 Systemmodell Organisation und Umwelt

Zeiten ins Kalkül. Sie entwickeln Bewusstsein für Neben- und Fernwirkungen ihres Handelns und kennen die Herausforderungen des 21. Jahrhunderts.[4] Ihre Horizonte und Handlungsspielräume sind erweitert. Das erleichtert flexibles Reagieren auf unvorhersehbare Entwicklungen und Ereignisse. Dabei hilft es, systemkritische Gegensätze im Denken und Handeln aufzulösen (Abb. 4.2). Ein „Sowohl-als auch-Ansatz" vermeidet tückische „Entweder-oder-Dilemmata", weil Zielkonflikte lösbar sind.

	Erfolgskriterien	Gegensätze
Grundorientierungen	Zeitlicher Horizont	*Kurzfristig - Langfristig*
	Systemfokus	*Extern - Intern*
	Umgang mit Wissen	*Ausschöpfen - Erkunden*
	Strategieprozess	*Durchplanen - Situativ entwickeln*
	Führungsverhalten	*Autokratisch - Partizipativ*
	Kultur	*Gemeinschaft —Wettbewerb intern*
	Wirtschaftliche Effekte	*Profitabel - Wachstumsstark*
Anspruchs-gruppen	**Schlüsselgruppen**	*Kunden - Beschäftigte*
	Externe Wissensquellen	*Lieferanten - Strategische Partner*
	Quelle der Legitimation	*Investoren - Gesellschaft*
Merkmale der Organisation	Entscheidungshoheit	*Zentral - Dezentral*
	Organisationsgrad	*Durchorganisiert - Nicht organisiert*
	Dynamik	*Dynamisch - Stabil*

Abb. 4.2   Systemkritische Gegensätze (Kinne, 2013)

---

[4] Dazu gehört die wachsende Bedeutung des Human-, Sozial- und Wissenskapitals und des immateriellen Gutes *Information* für die Wertschöpfung. Dazu gehört weiterhin der Einfluss subjektiver Rahmungen *(frames)*, defensiver Routinen, Disparitäten zwischen Reden und Handeln und klassischer Denkfehler auf den Umgang mit Realität. Solche Prämissen erfordern eine entsprechende Gestaltung (Kinne et al., 2022).

Ausgewogenes Handeln im Spannungsfeld solcher Gegensätze zeugt von Beidhändigkeit (auch „Ambidextrie" genannt). Neben Systemdenken und Beidhändigkeit erweitern auch Synergien Horizonte und Handlungsspielräume (Kap. 5). Wer all das beherrscht, denkt und handelt räumlich, zeitlich und inhaltlich *integrativ*. Aber auch intelligent genutzte Vielfalt und Empowerment erweitern Horizonte und Handlungsspielräume (mehr dazu später). Abb. 4.3 veranschaulicht die „Paradoxie der Komplexitätsbewältigung".

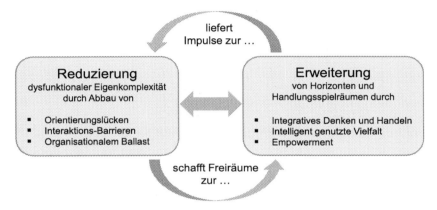

Abb. 4.3   Paradoxie der Komplexitätsbewältigung. (Vgl. Kinne, 2015)

4.4   Business Impact-Cycle

Ein virtuoser Umgang mit Komplexität erfordert gut koordiniertes Lernen, Führen, Lenken und Kooperieren. Warum gerade das? Leitende übernehmen Verantwortung, treffen Entscheidungen (bzw. führen sie herbei) und vermitteln anderen die nötige Orientierung. Gute Entscheidungen basieren auf Urteilsfähigkeit, die man durch Haltung und ständiges Lernen erwirbt. Durch Lenken von Ressourcen (beinhaltet ihre Beschaffung, Entwicklung und Nutzung) werden Entscheidungen umgesetzt. Kooperation, die zweckgerichtete, arbeitsteilige Variante von *Interaktion,* ermöglicht den Austausch der dabei gemachten Erfahrungen, erzeugt Synergien und fördert wiederum kollektives Lernen. Organisationen werden dadurch produktiver, innovativer, resilienter und nachhaltiger. Deshalb entscheidet sich ihr Schicksal auf den genannten Handlungsfeldern. Sie bilden

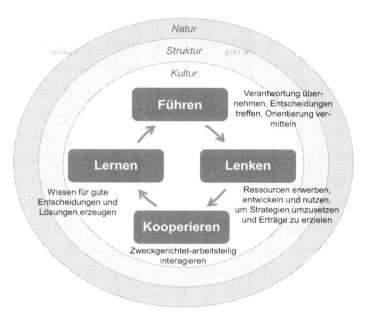

Abb. 4.4 Business Impact-Cycle

idealerweise einen Kreislauf, den ich „Business Impact-Cycle" (BIC) nenne. Er ist umgeben von einer Kultur, einer Struktur und der natürlichen Umwelt, der *Natur* (Abb. 4.4).

Die Kultur ist mit ihren Symbolen, gelebten Werten und Alltagsroutinen ein besonders intimes und „beharrliches" Umfeld. Veränderungen bedürfen jedoch meist struktureller Impulse. Die Natur ist allumfassend und verdient unsere Vor- und Fürsorge. Ein gut koordinierter BIC hilft, DEK zu reduzieren, Horizonte und Handlungsspielräume hingegen zu erweitern. Er bildet die operative Basis von Querschnitts-Disziplinen (Kap. 5) und das Umsetzen von Resilienz-Prinzipien (Kap. 7).

4.5   Teams als Produktivitätstreiber

Im Handlungsfeld „Kooperation" hat Teamarbeit eine herausragende Bedeutung. Vor allem hier kann sich Diversity entfalten. Teams sind Gruppen mit
voneinander abhängigen Individuen, die gemeinsam Verantwortung für das Erreichen bestimmter Ziele tragen (Thompson, 2004). Anhand von Zielen kann die
Produktivität von Teams gemessen werden. Sinnvolle Ziele sind Grundlage organisationaler Lösungskompetenz. Goodwin und Wright bringen den Nutzen von
Teamarbeit auf den Punkt: „Several individuals who are involved in decision
making bring together a larger fund of experience, knowledge and creative
insights." (Goodwin & Wright, 2004, S. 309). Obwohl Teamentwicklung zu den
stärksten Hebeln von (Finanz-)Erfolg gehört, wird ihr Potenzial nicht annähernd
ausgeschöpft (Dick & West, 2013). Was bei Teamarbeit geschieht, veranschaulicht der Prozess der *kollektiven Wissensproduktion* (Abb. 4.5). Er präzisiert die
frühen Phasen in Abb. 3.7.

Aus Standpunkten, Erfahrungen und „Wissens-Inseln" Einzelner entstehen
durch Interaktion bzw. Kooperation Sozialkapital und integriertes Wissen. Das
Wissenskapital einer Organisation mit ihren einzigartigen Kompetenzen basiert
damit auf kollektiven Lernprozessen. Heterogene Teams bergen das Potenzial
perspektivischer Vielfalt. Intelligent genutzt, erweitert auch das Horizonte und
Handlungsspielräume.

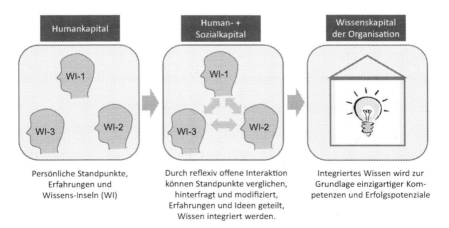

<table>
<tr><td>Persönliche Standpunkte,
Erfahrungen und
Wissens-Inseln (WI)</td><td>Durch reflexiv offene Interaktion
können Standpunkte verglichen,
hinterfragt und modifiziert,
Erfahrungen und Ideen geteilt,
Wissen integriert werden.</td><td>Integriertes Wissen wird zur
Grundlage einzigartiger Kom-
petenzen und Erfolgspotenziale</td></tr>
</table>

Abb. 4.5   Kollektive Wissensproduktion (Kinne et al., 2022)

In produktiven Teams spielen Hierarchien keine besondere Rolle. Wie heterogen sie sein sollten, hängt einerseits von der Komplexität der Aufgabe, andererseits von ihrer Inklusionsreife ab (nächstes Kapitel). Das Potenzial heterogener Teams basiert auf unterschiedlichen Lern- und Entwicklungserfahrungen seiner Mitglieder, die neben unterschiedlichen Perspektiven auch unterschiedliche Typen hervorbringen. Ein Mix aus Machern, Koordinatoren, Beobachtern, Wegbereitern, Kreativen, Perfektionisten, Spezialisten, Umsetzern und Teamplayern (jeweils beiderlei Geschlechts) bietet Vorteile (Belbin, 1993). (Einzelne besetzen oft mehrere Rollen, sonst müssten produktive Teams aus wenigsten neun Personen bestehen). Im „Haus produktiver Teams" sind die Erfolgsfaktoren zusammengefasst (Abb. 4.6).

Das Dach enthält Ziele, Werte und Standards, die „common principles". Merkmale des kulturellen Kontext, der Mitglieder und der Leitung bilden die Säulen. Das Fundament enthält grundlegende Erfolgsfaktoren: Es sollte konkreter Handlungsbedarf bestehen, der Input der Mitglieder sollte abgrenzbar und evaluierbar sein, man sollte systematisch an die Lösung der Aufgabe herangehen (hier hat sich Design Thinking bewährt). Ergebnisse, Ziele und Verhaltensweisen sollten in angemessenem Abstand reflektiert, Synergien mit anderen Teams gesucht

Abb. 4.6 Haus produktiver Teams (Vgl. Kinne 2014)

und erzeugt werden. Wichtig ist außerdem eine lernorientierte Dialogkultur. Was bedeutet das?

Kollektiver Lernerfolg basiert auf der Bereitschaft aller, die eigene Meinung „zur Disposition zu stellen", um sie modifizieren, revidieren oder ergänzen zu können.[5] Das funktioniert vor allem auf Basis von psychologischer Sicherheit, die Vertrauen miteinschließt. In *reflexiv offenen* Dialogen können Positionen in einer Art und Weise verglichen werden, die neues Wissen entstehen lässt und gute Lösungen wahrscheinlich macht. Senge schreibt: „In dialogue, a group explores complex difficult issues from many points of view. Individuals suspend their assumptions but they communicate their assumptions freely. The result is free exploration that brings to the surface the full depth of people's experience and thought, and yet can move beyond their individual views" (Senge, 1999, S. 241).

Eine besondere Herausforderung stellen erlernte Schutzmechanismen dar, die sich u. a. in inkonsistenten Botschaften oder „mixed messages" verbergen: „Du hast alle Freiheiten, aber stimme Dich mit mir ab!" Solche „defensiven Routinen" dienen der Abwehr negativer Gefühle und Durchsetzung persönlicher Motive (Argyris, 1999). Defensive Routinen behindern kollektives Lernen ebenso wie Mangel an psychologischer Sicherheit und Gruppendenken[6]. Das Gleiche gilt für „Fremdeln gegenüber Andersartigen". Vorurteile, Unsicherheit und Ängste sind Zeichen mangelnden Vertrauens und können durch Gemeinschaftserfahrungen abgebaut werden (Pettigrew & Tropp, 2006). Hier liegen für mich die Grenzen von Videomeetings. Die meisten Merkmale produktiver Teamarbeit lassen sich darin problemlos realisieren, nicht jedoch die Gemeinschaftserfahrung. Ab und zu sollte man sich „körperlich" begegnen, nicht nur in neuen Teams.

4.6   IMEG-Formel

Im praktischen Alltag werden Teams oft nicht nach Rollen und perspektivischer Vielfalt, sondern nach dem Prinzip „Hans sucht Hänschen" gebildet. Diversity-Potenzial bleibt dann ungenutzt. Ein zentraler Erfolgsfaktor heterogen besetzter Teams ist Einigkeit in „common principles". Die Philosophie einer Meerbuscher Zahnarztpraxis drückt sich im folgenden Satz aus: „Ordnung, Zuverlässigkeit,

---

[5] Die neue Ampel-Koalition will die „Kultur des Respekts" befördern – für andere Meinungen, Gegenargumente und Streit, andere Lebenswelten und Einstellungen (Koalitionsvertrag, S. 7).

[6] „Group-Think" ist Streben nach Einmütigkeit. Es setzt das realistische Abschätzen alternativer Lösungen außer Kraft. Symptome sind z. B. das Gefühl der (moralischen) Überlegenheit der Gruppe und Ausgrenzung von „Abweichlern" (Janis, 1972).

Hygiene und Qualität sind Ansprüche, die wir an uns und unsere Partner stellen". Über die Bedeutung der Werte, die der Satz enthält, sollte man sich einig sein, wenn man die Qualität verbessern oder neue Leistungen entwickeln will. Gemeinsame, einheitlich gedeutete Orientierungsgrößen sind Zeichen *homogener Orientierung.* Das ergibt einen weiteren paradoxen Zusammenhang: die „Paradoxie des Diversity Managements" (Abb. 4.7).

Mit der Heterogenität der Teammitglieder wächst das Risiko, an Orientierungs-Diskrepanzen zu scheitern oder Mehraufwand treiben zu müssen. Das bedeutet mehr DEK, geringere Produktivität und weniger Freiraum zum Erkunden neuer Themen. Teams können drei Orientierungszustände aufweisen:

1. Heterogen orientiert
2. Homogen orientiert
3. Teilhomogen orientiert (Abb. 4.8)

Abb. 4.7 Paradoxie des Diversity Managements

Abb. 4.8 Orientierungszustände heterogen besetzter Teams. (Vgl. Kinne, 2014)

Inklusionsreife erweiterter Gruppen (%)	=	Identifikation „Andersartiger" mit den Orientierungsgrößen der Stammgruppe (Maximum 100%)	X	Offenheit der Stammgruppe für die Andersartigkeit (Maximum 1)

Abb. 4.9 IMEG-Formel

Vor allem in homogen orientierten Teams wird das Potenzial nutzbar, das in ihnen steckt, sofern sie *heterogen besetzt* sind. Der dritte Orientierungszustand betrifft missglückte Inklusion. Es ist eine gesellschaftliche Aufgabe von hoher Dringlichkeit und moralischem Anspruch, z. B. Menschen aus fremden Herkunftsländern in unsere Gemeinschaft einzubeziehen. Im Sinne des ökonomischen Motivs von DM gilt es jedoch, die Erfolgsaussichten einzuschätzen. Nur wie?

Inklusionsanforderungen richten sich an Gruppen, deren „Stammmitglieder" immerhin so homogen sind, dass Andersartigkeit als solche klar hervortritt. Der Inklusionserfolg hängt dann von zwei Faktoren ab: Zum einen vom Grad, zu dem sich „Andersartige" mit Orientierungsgrößen der Stammgruppe (ihren „common principles") identifizieren, zum anderen von der Offenheit der Stammgruppe für die Andersartigkeit. Diese Faktoren bilden die IMEG-Formel (*Inclusion Maturity in Extended Groups,* Abb. 4.9).

Vollkommene Identifikation „Andersartiger" mit Orientierungsgrößen der Stammgruppe entspricht 100 %, maximale Offenheit der Stammgruppe für die Andersartigkeit dem Wert 1. Da IMEG nicht objektiv messbar ist, stellt es eine imaginäre Größe dar, die jedoch Zusammenhänge veranschaulicht: Wenn sich gruppenuntypische Personen voll mit den Orientierungsgrößen der Stammgruppe identifizieren und deren Mitglieder keinerlei Vorurteile diesen Personen gegenüber hegen, beträgt die Inklusionsreife der nunmehr erweiterten Gruppe 100 %. Dazu zwei Beispiele.

Die gemeinsame Orientierungsgröße einer Fußballmannschaft ist Sieg durch Torüberschuss. Beim Profifußball ist jeder willkommen, der die Siegchancen verbessert, ungeachtet seines sozio-kulturellen Hintergrundes. Entsprechend „bunt" sind viele Teams. Vorurteile einheimischer Spieler gegenüber Ausländern dürften selten sein, solange diese zum Erfolg beitragen. In Orchestern orientiert man sich an der Partitur des Komponisten, den Signalen der Dirigierenden und dem konzertanten Wohlklang. Orchester sind nach Geschlecht, Alter und körperlicher Ausstattung ihrer Mitglieder diverser als Fußballteams. In beiden Fällen handelt es sich jedoch um soziokulturell erweiterte Gruppen mit hoher Inklusionsreife.

Jenseits von Sport und Musik ist die Inklusionsreife von Gruppen aufgrund von mangelnder Identifikation, Vorurteilen oder einer Mischung daraus oft geringer. Vorurteile können z. B. durch Rollenbilder entstehen (z. B. Frauen und Männern in muslimischen Ländern). Organisationen, die in Ländern mit anderen Wertesystemen tätig sind, werden mitunter ihre Diversity-Strategie anpassen müssen. Und wenn sie Wert auf maximale Flexibilität beim Ressourceneinsatz legen, sollten sie für maximale Inklusionsreife in allen Kategorien von Andersartigkeit sorgen.

IMEG gilt auch für unsere demokratische Gesellschaft. Eine sinnvolle Orientierungsgröße wäre hier das Grundgesetz. Im nächsten Kapitel wird der Wert von Synergien näher untersucht, die ebenfalls auf guter Kooperation beruhen.

Fazit

Komplexität gehört zu den großen Herausforderungen im Management. Man kann sie bewältigen, indem man dysfunktionale Eigenkomplexität reduziert, Horizonte und Handlungsspielräume hingegen erweitert. Systemdenken, Beidhändigkeit sowie gut koordiniertes Lernen, Führen, Lenken und Kooperieren sind dabei ebenso wichtig wie heterogen besetzte, homogen orientierte Teams, die aufgrund bestimmter Merkmale produktiv sind.

Vereinte Kraft von Querschnitts-Disziplinen

5

DM betrifft die gesamte Organisation und ist damit eine *Querschnitts-Disziplin*. In zukunftsorientierten Organisationen betreibt man zudem Qualitäts-, Innovations- und Change- Management sowie Markenführung. Nach Überzeugung der Fachwelt ist all das erfolgskritisch und betrifft jeweils die gesamte Organisation. Synergien zwischen diesen Disziplinen sind jedoch selten. In Theorie und Praxis werden sie unabhängig voneinander diskutiert und betrieben, schon wegen der Professionen, die sie jeweils ausüben. Die Qualität (macht Organisationen *verlässlich*) verantworten oft IngenieurInnen. Dasselbe gilt für technische Innovationen (dazu gehört IT-Management, das derzeit besonders gefordert ist). Für DM ist der Personalbereich zuständig, für Markenführung das Marketing. Change ManagerInnen benötigen psychologisches Geschick. Hier prallen unterschiedliche Sicht- und Denkweisen aufeinander, was die Nutzung von Synergien erschwert. Ein gut designter BIC kann jedoch als Plattform dienen, um die Disziplinen strategisch zu integrieren. DEK kann dadurch reduziert, Horizonte und Handlungsspielräume können erweitert, neue Ertragspotenziale erschlossen werden (Kinne, 2016).

Das Synergiepotenzial beruht auf gegenseitiger Verstärkung (Abb. 5.1). Qualität macht Innovationen erfolgreicher, Innovationskraft Organisationen wandlungsfähiger. Soziale Innovationen fördern die Kultur der Vielfalt. Intelligent genutzte Vielfalt macht Lösungen besser und Abläufe in allen Querschnitts-Disziplinen einfacher. Gut geführte Marken ziehen Beschäftigte an, die womöglich verlässlicher, innovativer, offener und wandlungsfähiger sind als andere. Von Wandlungsfähigkeit, Ergebnis erfolgreicher Change-Prozesse, profitieren alle Disziplinen.

Auch hier verdeutlicht ein Phasenmodell die Zusammenhänge (Abb. 5.2). Der *Soll-Zustand* einer Organisation besteht aus Vor-, Zwischen- und Endstufe.

P. Kinne, *Diversity 4.0*, essentials, https://doi.org/10.1007/978-3-662-65403-3_5

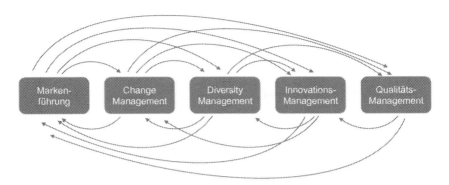

Abb. 5.1 Synergien von Querschnitts-Disziplinen

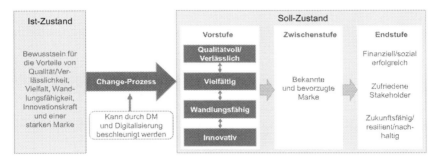

Abb. 5.2 Querschnitts-Disziplinen im Ist-Soll-Modell (Kinne, 2016)

In der Endstufe sind Organisationen finanziell/sozial erfolgreich, haben zufriedene Stakeholder, sind resilient und nachhaltig. Das gelingt vor allem dann, wenn sie Qualität bieten, verlässlich, vielfältig, wandlungsfähig und innovativ sind. Solide Markenführung macht Marken bekannt und bevorzugenswert. Gutes Change-Management beschleunigt den Verlauf vom Ist zum Soll. Auch gut desigtes DM kann den Wandel beschleunigen, unterstützt durch Digitalisierung (von guten IT-Lösungen profitieren selbstverständlich alle Querschnitts-Disziplinen). Im *Ist-Zustand* sollte man sich der Vorteile von Qualität, Verlässlichkeit, Vielfalt, Wandlungsfähigkeit, Innovationskraft und einer starken Marke bewusst sein.

Um das Synergiepotenzial nutzen zu können, müssen Bereichsverantwortliche integrativ denken und selbstverständlich auch kooperieren. Lubatkin et al.

haben Leitungsteams untersucht. Die Ergebnisse erinnern an die Erfolgsfaktoren produktiver Teams:

„In a climate of collaboration, where a general predisposition also exists to freely exchange information and jointly make decisions, we expect that Top Management Teammembers will be more receptive to a broad range of initiatives. And, from an open discussion of existing and new market opportunities, coupled with a willingness to share explicit knowledge and tacit insights, such a team will be more apt to uncover ways to feasibly pursue new markets, while jointly expanding old ones." (Lubatkin et al., 2006, S. 652).

Fazit

Synergien von Querschnittsdisziplinen bieten erhebliche Produktivitäts- und Ertragsreserven. Sie können durch integratives Denken und Kooperieren genutzt werden.

Das Vier-Domänen-Konzept 6

DM steigert idealerweise Erträge. Auf der Impulsveranstaltung zum dritten Diversity Tag im Berliner Maxim Gorki Theater erinnerten jedoch eindrucksvolle Darbietungen daran, dass Vielfalt auch ein Wert an sich ist, Selbstzweck also. Das entspricht nicht unbedingt dem Kalkül von Top-ManagerInnen, die sich meist dem Shareholder Value verpflichtet fühlen (wenngleich immer mehr Shareholder soziale Verantwortung übernehmen wollen). Viele Organisationen möchten Offenheit und Chancengleichheit symbolisieren. Das ist anspruchsvoll genug, weil es Wertschätzung von Andersartigkeit erfordert, die man strukturell verankern sollte. Das Vier- Domänen-Konzept deckt sowohl die symbolische Erwartung als auch die Ertragserwartung ab (Abb. 6.1).

Die Zielebene des Konzeptes enthält die „Symbolic Domain" und „Performance Domain". In der Symbolic Domain verwirklicht man sozio-kulturelle Offenheit und Chancengleichheit, in der Performance Domain steigert man Erträge. Für Beides braucht man „Befähiger": in der „Knowledge Domain" vermittelt man Wissen über Diversity-Dimensionen, Vorteile und den Umgang mit soziokultureller Vielfalt, in der „Mindset Domain" Wertschätzung von Andersartigkeit. Fortschritte können anhand von „Diversity Robustness Indicators" (DiRIs) gemessen werden. Das Vier-Domänen-Konzept ermöglicht eine anspruchsgerechte Zieldefinition sowie Strukturierung, Priorisierung, Dosierung und Evaluierung von Maßnahmen. Das entspricht dem Qualitätsverständnis der European Foundation for Quality Management (EFQM). Dessen Gütekriterien betreffen die Planung, Umsetzung, Bewertung und Optimierung von Maßnahmen sowie die Aussagefähigkeit erhobener Daten. Weil DM immer wichtiger wird, kann kein Standard zu hoch sein. Im Folgenden werden Maßnahmen und DiRIs für jede Domäne spezifiziert.

Abb. 6.1 Vier-Domänen-Konzept

Maßnahme Knowledge Domain

- **Schulungen**
  Diversity wird mit all ihren Facetten erklärt und begründet, der Umgang damit
  erörtert. Dazu gehören Kenntnisse soziokultureller Unterschiede ebenso wie
  Kenntnisse von Auswirkungen und Abbau von Vorurteilen. Schulungen erzeugen
  die Wissensbasis, die zum Erreichen „höherer Ziele" benötigt wird.

DiRIs Knowledge Domain

- Ergebnisse strukturierter Wissenstests

Maßnahmen Mindset Domain

- **Diversitätskonforme Personalauswahl und – entwicklung**
  Soziale Kategorisierung reduziert Komplexität. Ob sie zur Abwertung Andersartiger führt, hängt von der Haltung der Urteilenden ab. Hat man hartnäckige
  Vorurteile erst einmal im Haus, sind negative Auswirkungen kaum vermeidbar.
  Diversitykonforme Personalauswahl und -entwicklung ist ein zentrales Element
  zur Lenkung in der Mindset Domain. Aussagen früherer Vorgesetzter können
  die Haltung von KandidatInnen transparenter machen.

- **Organisation gemeinsamer Events**
  Auch soziokulturell offene Menschen benötigen mitunter neue Impulse, die ihre Haltung bestätigen und das Wir-Gefühl stärken. Dazu dienen Events „für Kopf und Seele".

DiRIs Mindset Domain

- Kriterienbasierte Aussagen früherer Vorgesetzter
- Kriterienbasierte Ergebnisse von Umfragen

Maßnahmen Symbolic Domain

- **Definition der Diversity-Zielgruppen**
  In der Symbolic Domain muss man die Unterschiedsmerkmale definieren, auf die man Offenheit und Chancengleichheit beziehen will (Geschlecht, Alter, ethnische und soziale Herkunft, sexuelle Identität, Beeinträchtigung etc. oder einen Mix daraus). Wer auch „Performance" will, sollte bedenken, dass Offenheit für jegliche Form der Andersartigkeit die beste Voraussetzung dafür ist.
- **Strukturelle Verankerung des Anspruchs**
  Offenheit und Chancengleichheit müssen als Anspruch strukturell verankert werden. Man kann z. B. Arbeitszeiten flexibilisieren, den Abbau „gläserner Decken" mit Frauenquoten verknüpfen und KITAs errichten. Ethnische Vielfalt kann man z. B. mit Sprachkursen, interkulturellen Trainings und kultursensiblen Kantinenangeboten fördern.
- **Führungskräfteentwicklung**
  Führungskräfte sollten auf den Umgang mit Diversity vorbereitet werden. Grundlegend sind Umgang mit Vorurteilen sowie zielgruppengerechtes, kultursensibles Kommunizieren und Verhalten.
- **Aufbau von Komplexitäts-Kompetenz**
  Reduzierung von DEK schafft Freiräume für neues Denken und neue Betätigungsfelder. Systemdenken, Beidhändigkeit und Synergien, aber auch Teamarbeit und Empowerment erweitern Horizonte und Handlungsspielräume. Die Zusammenhänge können durch Schulung vermittelt werden.
- **Sicherung der Nachhaltigkeit**
  Investitionen in Offenheit und Chancengleichheit müssen nachhaltig sein, um Wirkung erzielen zu können.

DiRIs Symbolic Domain

- **Präsenzentwicklung**
  Organisationen, denen es (auch) um Symbolik geht, sollten ihre Attraktivität
  für ihre Diversity-Zielgruppen ermitteln. Dynamisches Erfassen des Personal-
  bestands nach Zielgruppen liefert entsprechende Daten.
- **Zufriedenheit der Diversity-Zielgruppen**
  Zufriedene VertreterInnen der Diversity- Zielgruppen machen Bekenntnisse zu
  Offenheit und Chancengleichheit glaubhafter. Mit regelmäßigen Befragungen
  kann man die Zufriedenheit messen. Die Daten sollte man mit Aussagen zur
  Wichtigkeit bestimmter Faktoren verknüpfen, um Maßnahmen priorisieren zu
  können. (Kinne, 2011).
- **Nachweis der strukturellen Verankerung**
- **Schulungsnachweise Diversity**
- **Selbst- und Fremdeinschätzung Komplexitäts-Kompetenz 1**
- **Nachweis der Nachhaltigkeit**
  Durch Controlling der Ausgabenentwicklung kann die Nachhaltigkeit von
  Maßnahmen ermittelt werden, z. B. anhand der IPs in Tab. 3.1 in Abschn. 3.3.

Maßnahmen Performance Domain

- **Vorurteilsfreie Akquisition der besten Talente**
- **Ausbau der Komplexitäts-Kompetenz**
  Die Schulungsmaßnahmen der Symbolic Domain werden vertieft/ergänzt
- **Phasenspezifische Planung und Lenkung von DM-Maßnahmen**
  Der Erfolg von DM hängt u. a. von der Systematik der Planung und Lenkung
  von Maßnahmen ab. Zur Orientierung kann Tab. 3.1 in Abschn. 3.3 dienen.
- **Koordination der Handlungsfelder im BIC**
  Durch gut koordiniertes Lernen, Führen, Lenken und Kooperieren können
  komplexe Probleme besser und nachhaltiger gelöst werden.
- **Optimierung der Team-Produktivität**
  Wichtige Produktivitätsreserven stecken in Teamarbeit. Erfolgsfaktoren liefert
  das Haus produktiver Teams, an denen sich Verantwortliche orientieren können.
- **Optimierung der Inklusionsreife**
  Eine hohe Inklusionsreife macht heterogen besetzte Teams produktiver. Konsens
  zu „common principles" hilft, Vorurteile gegenüber Andersartigkeit abzubauen.
  Die IMAG-Formel ermöglicht eine Selbsteinschätzung.

- **Synergien mit anderen Querschnitts-Disziplinen**
  Synergien mit Qualitäts-, Innovations- und Changemanagement sowie Markenführung können signifikante DEK- und Ertragseffekte erzeugen.

DiRIs Performance Domain

- **Unternehmensweites Talent-Monitoring**
- **Selbst- und Fremdeinschätzung Komplexitäts-Kompetenz 2**
- **Evaluierung phasenspezifischer Effekte**
  Die Effekte von Maßnahmen können mittels geeigneter Indikatoren in den IPs,
  die dem Finanz-/Sozialertrag vorgelagert sind, evaluiert werden (z. B. Evaluation
  interkultureller Trainings in IP6, Diversität von Kundengruppen in IP1-4).
- **Selbsteinschätzung Koordinationsstand BIC**
- **Evaluierung der Teamproduktivität**
  Anhand von Zielen kann die Produktivität von Teams ermittelt werden. Pha-
  senspezifische Zuordnung von Projekten stellt den Bezug zum Finanz-bzw.
  Sozialertrag her.
- **Selbsteinschätzung Inklusionsreife**
- **Selbsteinschätzung Stand Querschnitts-Synergien**

Die Inhalte sind in Tab. 6.1 zusammengefasst.

Keine der vier Domänen ist ein Selbstläufer. Die Performance Domain profitiert
von Erfolgen der Symbolic Domain. Wenngleich es in der Performance Domain
nicht um Repräsentation von Geschlecht, Alter, Herkunft und anderen „Basismerk-
malen" geht, sind in offenen Kulturen heterogen besetzte Teams naturgemäß auch in
diesen Merkmalen heterogen. Die Maßnahmen lassen erkennen, dass ertragswirk-
sames DM in Strukturen verankert und in Strategien integriert ist. Nur dann können
Organisationen nachhaltig davon profitieren.

Fazit

Anhand des Vier Domänen-Konzeptes kann DM systematisiert, strategisch
integriert und strukturell verankert werden. Es ist unabhängig von Art und
Größe der Organisation. DiRIs sind Leistungsindikatoren. Ihre Benutzer
überlassen nichts dem Zufall.

Tab. 6.1 Diversity Domänen, Maßnahmen und DiRIs

Diversity Domänen	Maßnahmen	DiRIs
Knowledge Domain	Diversity-Schulungen	Ergebnisse strukturierter Wissenstests
Mindset Domain	Diversitätskonforme Personalauswahl und -entwicklung	Aussagen früherer Vorgesetzter
	Organisation gemeinsamer Events	Ergebnisse von Befragungen
Symbolic Domain	Definition der Diversity-Zielgruppen	Präsenzentwicklung, Zufriedenheit der Diversity-Zielgruppen
	Strukturelle Verankerung des Anspruchs	Nachweis der strukturellen Verankerung
	Führungskräfteentwicklung	Schulungsnachweise Diversity
	Aufbau von Komplexitäts-Kompetenz	Selbst- und Fremdeinschätzung Komplexitäts-Kompetenz 1
	Sicherung der Nachhaltigkeit von Maßnahmen	Nachweis der Nachhaltigkeit
Performance Domain	Vorurteilsfreie Akquisition der besten Talente	Talent-Monitoring
	Ausbau der Komplexitäts-Kompetenz	Selbst- und Fremdeinschätzung Komplexitäts-Kompetenz 2
	Phasenspezifische Planung und Lenkung von DM-Maßnahmen	Evaluierung DM-Maßnahmen
	Koordination der Handlungsfelder im BIC	Selbsteinschätzung Koordinationsstand BIC
	Optimierung der Teamproduktivität	Evaluierung Teamproduktivität
	Optimierung der Inklusionsreife	Selbsteinschätzung Inklusionsreife in Teams
	Synergien mit anderen Querschnitts-Disziplinen	Selbsteinschätzung Stand Querschnitts-Synergien

Wie haben Vielfalt als Vermögenswert klassifiziert, DM entlang der Wertschöpfung beschrieben, Zusammenhänge mit Komplexität und Produktivität erörtert und das Vier Domänen-Konzept als Blaupause für erfolgreiches DM skizziert. Wie aber kann Diversity zur Transformation unserer Gesellschaft in einen lebenswerteren Zustand, zu mehr Nachhaltigkeit beitragen?

Nachhaltigkeit ist das Sehnsuchtswort unserer Zeit. Es steht für *Beständigkeit,* wobei zu klären ist, worauf sich das beziehen soll und wer es definiert. Nach dem Willen der Vereinten Nationen folgt nachhaltige Entwicklung der Idee, dass alle heute und in Zukunft lebenden Menschen Ressourcen gemäß ihren Bedürfnissen nutzen können. Oft wird der Begriff jedoch auf Ökologie reduziert, mit Klimaschutz als derzeit größter Menschheitsaufgabe, Das hat auch praktische Gründe: Ökologische Effekte sind ihrem Wesen nach *materiell* und deshalb gut messbar (gilt auch für Biodiversität). Quantitative Indikatoren führen uns vor Augen, welche Ursachen welche Wirkung haben. Heute weiß jedes Kind, dass CO_2-Emissionen, Nebeneffekt diverser industrieller Revolutionen, Hauptverursacher des Klimawandels sind und durch Einsatz von Technologie vermieden werden können. Dass damit dennoch große Herausforderungen für die Weltgemeinschaft verbunden sind, steht auf einem anderen Blatt.

Anders als die Auswirkungen menschlichen Handelns auf die Biosphäre bleiben Auswirkungen sozioökonomischen Handelns auf die Gesellschaft oft rätselhaft. Nachhaltigkeit im umfassenden Sinne ist komplex. Das drückt sich auch in den 17 Nachhaltigkeitszielen (SDGs) der Vereinten Nationen mit ihren 169 Unterzielen aus. Potenziell wirksame Treiber nachhaltiger Entwicklung sind unsere Organisationen. Die meisten Erwachsenen verbringen dort ihren Alltag, große Teile unseres Lebens werden dort *organisiert.* Mittels ihrer Innen-und Außenwirkung können Organisationen „virale Effekte" auslösen – im positiven Sinn! (Kinne, 2020, S. 113).

P. Kinne, *Diversity 4.0*, essentials, https://doi.org/10.1007/978-3-662-65403-3_7

Organisationen können Vielfalt bündeln, müssen aber geführt werden. Dringender denn je ist deshalb ein Referenzrahmen für jene, ohne die Diversity wirkungslos, Transformation ziellos und Nachhaltigkeit ein Wunschtraum bleibt – die Leader des 21. Jahrhunderts. Darin sollte eine uns nunmehr vertraute Paradoxie fest verankert sein: *Reduziere dysfunktionale Eigenkomplexität, erweitere aber Horizonte und Handlungsspielräume.* Weitere Designprämissen liefert eine Disziplin, in der man besondere Erfahrungen mit lebendigen, komplexen Systemen hat. Die eingangs erwähnte sozial-ökologische Forschung hat Prinzipien benannt, mittels derer sozial-ökologische Systeme so *resilient* werden, dass sie selbst nach „Schocks" noch in der Lage sind, Güter zum Wohle des Menschen bereitzustellen. Weil es an Schocks zukünftig nicht mangeln wird, gilt Resilienz als Schlüssel zur Nachhaltigkeit (Chapin et al., 2010). Die Prinzipien ergänzen sich gegenseitig und harmonieren außerdem mit den hier erörterten Instrumenten:

- Maintain diversity and redundancy
- Manage connectivity
- Manage slow variables and feedbacks
- Foster complex adaptive systems thinking
- Encourage learning
- Broaden participation
- Promote polycentric governance systems (Biggs et al., 2015)

Neben Pflege von Diversity und (funktioneller) Redundanz geht es um sinnvolle Verknüpfung von Leistungen, Beachtung systemischer Dynamiken und Förderung von Systemdenken. Für Leader im 21. Jahrhundert gehört systemisches, integratives Denken und Handeln zur Grundausrüstung. Damit können sie Dynamiken in unterschiedlichen Raum-/Zeitdimensionen erkennen, systemkritische Gegensätze auflösen, Synergien schaffen und auf Unvorhersehbares flexibler reagieren. Wichtig bei alledem ist gemeinsames Lernen, weil dadurch neues, kollektives Wissen entsteht. Beteiligung unterschiedlicher Stakeholder erzeugt perspektivische Vielfalt. Polycentric governance systems verhindern Fehlentscheidungen einsamer Top-Entscheider, die von der Komplexität des Geschehens überfordert sind. Besser ist, Entscheidungsbefugnisse an Beschäftigte am Ort des Geschehens zu übertragen.

Das hat umso mehr Aussicht auf Erfolg, je mehr sich diese Beschäftigten *empowert* fühlen. Dieses Gefühl basiert auf Identifikation mit der Tätigkeit, selbstbestimmtem Handeln, dem Bewusstsein, etwas zustande zu bringen und zum großen Ganzen beizutragen (Spreitzer & Doneson, 2008, S. 311). Empowerment bringt individuelle Potenziale zur Entfaltung, und damit auch die Vielfalt

Abb. 7.1 Leadership-Haus

einer Gemeinschaft. Man kann diese Befindlichkeit nicht *verordnen*. Ganz sicher aber kann man sie *fördern* – durch Orientierung, Resonanz und Interaktion (Kinne, 2020).

Das Leadership-Haus in Abb. 7.1 besteht aus zwei Etagen. Im Erdgeschoss reduziert man dysfunktionale Eigenkomplexität: Orientierungslücken werden geschlossen, Interaktions-Barrieren abgebaut, Überbestände zurückgefahren, Produkte, Strukturen und Prozesse nach Möglichkeit vereinfacht, sinnlose Projekte beendet. Das schafft Freiräume für Aktivitäten im Obergeschoss, wo man Horizonte und Handlungsspielräume durch integratives Denken und Handeln, Nutzung perspektivischer Vielfalt und Förderung von Empowerment erweitert. Das Leadership-Haus konkretisiert das Handlungsfeld „Führung" und veranschaulicht, auf wen und was es dabei ankommt. Beim Umsetzen können das Systemmodell, die systemkritischen Gegensätze, das Ist-Soll-Modell und das Haus produktiver Teams Orientierung bieten.

Sucht man eine „Meta-Strategie der Nachhaltigkeit", stößt man auf drei „Denk-Strategien", die im Haus realisiert werden: Abstraktion, Vielfalt und Einfachheit. Abstraktion lenkt den Blick vom Hier und Jetzt auf das Generelle, Übergeordnete (Lindsay, 2013, S. 13). Sie macht integratives Denken und Handeln erst möglich. Vielfalt stärkt die Resilienz komplexer Systeme und entfaltet sich durch heterogene Teams und empowerte Beschäftigte. Einfachheit begründet de Bono mit dem einleuchtenden Satz „There is never any justification for things being complex when they could be simple." (De Bono, 1998, S. 16). Einfachheit entsteht vor allem im Erdgeschoss. Sie betrifft auch die Sprache, die einfach sein sollte, ohne Substanz zu verlieren. Schon das erfordert ein gewisses Maß an Abstraktion. Das Leadership-Haus verkörpert die Allianz von Abstraktion, Vielfalt und Einfachheit. Damit lassen sich zukunftsfähige, transformationsstarke Organisationen gestalten. Erweiterte Horizonte und Handlungsspielräume machen es möglich, den Wert neuer Informationen und Kompetenzen zu erkennen, sie zu integrieren und zu nutzen. Das erzeugt „absorptive Kapazität" und „dynamische Fähigkeiten" (Cohen & Levinthal, 1990; Teece et al., 1997). Derart gerüstet können Organisationen ihre Möglichkeiten auf die Anforderungen der Umwelt abstimmen, um „strategic fit" zu erlangen (Grant, 2005).

Aber erlangen sie auch *Agilität,* die Allzweckwaffe der „New Work"? Wer das Stichwort vermisst, darf getrost daran glauben, dass seine Organisation durch die neue „Hausordnung" so agil wird, wie man es sich kaum hätte vorstellen können.

NutzerInnen des Leadership-Hauses sind vermutlich keine „Leadership-Zampanos". Eher werden sie Demut vor ihrer Aufgabe spüren und sich der Grenzen ihres eigenen Wissens und Könnens bewusst sein. Auch das kennzeichnet nachhaltige Führung.

Fazit

Das Leadership-Haus konkretisiert und integriert Ansätze und Maßnahmen, mittels derer Organisationen nicht nur resilienter, sondern auch Impulsgeber einer nachhaltigeren Gesellschaft werden können. Diversity spielt darin eine zentrale Rolle.

Was Sie aus diesem *essential* mitnehmen können

- Neues Verständnis von Diversity, seiner Bedeutung und Nutzung
- Neues Wissen über Diversity Management entlang der Wertschöpfung
- Konzepte zum erfolgreichen Umgang mit Komplexität
- Kenntnis der Erfolgsfaktoren produktiver Teamarbeit
- Anregungen zur systematischen Gestaltung von Diversity Management
- Umfassendes Verständnis von Leadership im 21. Jahrhundert

P. Kinne, *Diversity 4.0*, essentials, https://doi.org/10.1007/978-3-662-65403-3

Literatur

Allport, G. (1954). *The nature of prejudice.* Addison-Wesley.

Alwert, K., Bornemann, M., & Kivikas, M. (2004). *Wissensbilanz – Made in Germany. Leitfaden.* Bundesministerium für Wirtschaft und Technologie.

Andriessen, D. (2004). *Making sense of intellectual capital.* Elsevier.

Argyris, C. (1999). *On organizational learning.* Blackwell.

Ashby, W. R. (1970). *An introduction to cybernetics* (5. Aufl.). Chapman & Hall (Erstveröffentlichung 1956).

Belardo, S., & Belardo, A. (1997). *Trust – The key to change in the information age.* Sebastian Rose.

Belbin, R. M. (1993). *Team roles at work: A strategy for human resource management, zitiert nach: Dick, R. v., West, M. (2013): Teamwork, Teamdiagnose, Teamentwicklung.* Hogrefe.

Biggs, R., Schlüter, M., & Schoon, M. L. (Hrsg.). (2015). *Principles for building resilience: Sustainning ecosystems services in social-ecological systems.* Cambridge University Press.

Brown, M. (1996). *Keeping score: Using the right metrics to drive world class performance quality resources.* CRC Press.

Chapin, F. S., Carpenter, S. R., Kofinas, G. P, Folke, C., Abel, N., Clark, W. C., Olsson, P., Stafford Smith, D. M., Walker, B. O., Young, O., Berkes, F., Biggs, R., Grove, J. M, Nayloe, R. L, Pinkerton, E., Steffen, W., & Swanson, F. J. (2010). Ecosystem stewardship: Sustainability strategies for a rapidly changing planet. *Trends in Ecology and Evolution, 25,* 241–249.

Conant, R. C., & Ashby, W. R. (1981). Every good regulator of a system must be a model of that system. In R. C. Conant (Hrsg.), *Mechanisms of intelligence* (S. 205–214). Ashby's Writings on Cybernetics.

Cohan, W. M., & Levinthal, D. A. (1990). Absorptive capacity: New perspective on learning and innovation. *Administration Science Quarterly, 35,* 128–152.

Cox, T. (1993). *Cultural diversity in organizations, theory, research & practice.* Berrett-Koehler.

CSES. (2003). *Methods and indicators to measure the costeffectiveness of diversity policies in enterprises.* Centre for Strategy & Evaluation Services.

De Bono, E. (1998). *Simplicity.* Penguin.

Dick, R. v., & West, M. (2013). *Teamwork, teamdiagnose, teamentwicklung.* Hogrefe.

Edmondson, A. C. ((2019). *The fearless organization.* Wiley.

Edvinsson, L., & Malone, M. S. (1997). *Intellectual capital: Realizing your company's true value by finding its hidden brainpower*. Harper Business.

Goodwin, P., & Wright, P. (2004). *Decision analysis for management judgement*. Wiley.

Grant, R. M. (2005). *Contemporary strategy analysis* (5. Aufl.). Blackwell.

Günther, T., Kirchner-Khaity, S., & Zurwehme, A. (2004). Measuring intangible resources for managerial accounting purposes. In H. Möller (Hrsg.), *Intangibles in der Unternehmenssteuerung*. Vahlen.

Hewlett, S. A., Marshall, M., & Sherbin, L. (2013). Innovation, diversity and market growth. www.talentinnovation.org/_private/assets/IDMG-ExecSummFINAL-CTI.pdf. Zugegriffen: 23. Sept. 2015.

Hinterhuber, H. H., Renzl, B., & Werner, C. H. (2015). *Leadership-Strategie: Unternehmerische Führung als Erfolgsfaktor*. Springer.

IR Framework. (2021). https://www.integratedreporting.org/resource/international-ir-framework/. Zugegriffen: 27. Okt. 2021.

Janis, I. L. (1972). *Victims of groupthink: A psychological study of foreign-policy decisions and fiascoes*. Houghton Mifflin.

Kanter, R. M. (2009). *Supercorp. How vanguard companies create innovation, profits, growth, and social good*. Crown Business.

Kaplan, R. S., & Norton, D. P. (1992). The balanced scorecard – Measures that drive performance. *Harvard Business Review, 70*, 71–79.

Kaplan, R. S., & Norton, D. P. (2004). *Strategy maps*. Harvard Business School Publishing Corporation.

Kinne, P. (2009). *Integratives Wertemanagement: Eine Methodik zur Steuerungsoptimierung immaterieller Ressourcen in mittelständischen Unternehmen*. Gabler.

Kinne, P. (2011). *Die Kunst, bevorzugt zu werden – Der Erfolgsfaktor Wertebalance*. Publicis.

Kinne, P. (2013). *Balanced Governance – Komplexitätsbewältigung durch ausgewogenes Manager im Spannungsfeld erfolgskritischer Polaritäten*, Arbeitspapier Nr. 32, FOM Hochschule, Essen.

Kinne, P. (2014). Diversity Management – Ein Querschnittsthema mit Balancebedarf. In W. Dittrich (Hrsg.), *Schriftreihe der FOM – KCI Kompetenz Centrum für interdisziplinäre Wirtschaftsforschung & Verhaltensökonomie* (Bd. 3).

Kinne, P. (2016). *Querschnitts-Disziplinen und ihr Synergiepotenzial zum Abbau dysfunktionaler Eigenkomplexität, Arbeitspapier*. FOM-Hochschule.

Kinne, P. (2020). *Nachhaltigkeit entfesseln!* Springer.

Kinne, P., Kopfmüller, J., Reisener, J., Strikwerda, J. (2022). *Organisationen als Transformationsbeschleuniger. Die produktive Allianz von Nachhaltigkeit, Resilienz, Systems- und Design Thinking*. Springer.

Koalitionsvertrag 2021–2025 zwischen SPD, Bündnis 90/Die Grünen und FDP.

Kotter, J. P., & Heskett, J. L. (1992). *Corporate culture and performance*. The Free Press.

Lindsay, B. (2013). *Human capitalism*. Princeton University Press.

Lyotard, J. F. (2009). *Das postmoderne Wissen*. Passagen.

Lubatkin, M. H., Simsek, Z., Ling, Y., et al. (2006). Ambidexterity and performance in small-to medium-sized firms: The pivotal role of top management team behavioral integration. *Journal of Management, 32*(5), 646–672.

Luhmann, N. (2000). *Vertrauen* (4. Aufl.). Lucius & Lucius (Erstveröffentlichung 1968).

Mayo, A. (2003). *The human value of the enterprise*. Brealey.

Mensi-Klarbach, H. (2012). Der Business Case für Diversity und Diversity Management. In R. Bendl, E. Hanappi-Egger, & R. Hofman (Hrsg.), *Diversität und Diversitätsmanagement* (S. 299–223). Facultas.

Noennig, J. R. (2006). *Architektur, Sprache, Komplexität.* Dissertation, Weimar.

Pettigrew, T. F., & Tropp, L. R. (2006). Interpersonal relations and group processes, a metta-analytic test of intergroup contact theory. *Journal of Personality and Social Psychology, 90*(5), 751–783.

Pike, S., & Roos, G. (2004). *Theoretical foundations of intellectual capital measurement and valuation.* International Forum of Intellectual Capital in Taiwan.

Schmid, H. (2013). *Barrieren im Wissenstransfer, Ursachen und deren Überwindung.* Springer Gabler.

Schwaninger, M. (2006). *Intelligent organizations.* Springer.

Senge, P. (1999). *The fifth discipline.* Random House.

Simon, H. A. (1972). Theories of boundet rationality. In C. B. McGuire & R. Radner (Hrsg.), *Decision and organization* (S. 161–175).

Sprenger, R. K. (2002). *Vertrauen führt.* Frankfurt a. M.: Campus.

Spreitzer, G. M., & Doneson, D. (2008). Musings on the past and future of employee empowerment. In T. Cummings (Hrsg.), *Handbook of organizational development* (S. 311–324). Sage.

Stuber, M. (2014). *Diversity & Inclusion – Das Potenzial-Prinzip.* Shaker.

Sveiby, K. E. (1997). *The new organizational wealth: Managing and measuring knowledge-based assets.* Berrett-Koehler.

Tajfel, H., & Truner, J. C. (1979). An integrative theory of intergroup conflict, zitiert nach: Bell, S. T., Villado, A. J., Lukasik, M. A. et al. (2011). Getting specific about demographic diversity variable and team performance relationships: A meta-analysis. *Journal of Management, 37,* 709–743.

Teece, D. J., Pisano, G., & Shuen, A. (1997). Dynamic capabilities and strategic management. *Strategic Management Journal, 18*(7), 509–533.

Thompson, L. (2004). *Making the team. A guide for managers* (2. Aufl.). Pearson.

Trompenaars, F., & Hampden-Turner, C. (1997). *Riding the waves of culture.* Brealey.

Vieweg, W. (2015). *Management in Komplexität und Unsicherheit.* Springer.

Zehender, K. (1998). *Unternehmensführung in fraktalen Unternehmungen.* Lang.

Printed in the United States
by Baker & Taylor Publisher Services